979-11-95-01-7638

JN355765

마흔살 행복한 부자아빠의 특별한 편지

마흔살 행복한 부자아빠의
특별한 편지

초판 1쇄 인쇄 2014년 2월 1일
초판 1쇄 발행 2014년 2월 7일

지은이 · 아파테이아
발행인 · 강혜진
발행처 · 진서원
등록 · 제 2012-000384호. 2012년 12월 4일
주소 · (121-838) 서울 마포구 신촌로4길 22-6 수빌딩 4층
대표전화 · (02) 3143-6353 | 팩스 · (02) 3143-6354
홈페이지 · www.jinswon.co.kr | 이메일 · service@jinwson.co.kr
편집진행 · 성경아 | 표지 및 내지 디자인 · 디박스 | 사진 · 서초동 하선생(www.facebook.com/hebenge)
인쇄 · 백산하이테크 | 제본 · 백산제본 | 마케팅 · 강성우

◆ 잘못된 책은 구입한 서점에서 바꿔 드립니다.
◆ 이 책에 실린 모든 내용, 디자인, 사진, 이미지, 편집 구성의 저작권은 진서원과 지은이에게 있습니다.
  허락 없이 복제할 수 없습니다.
◆ 저작권법에 의해 보호받는 사진 중 일부저작권자를 찾지 못한 사진은 저작권자가 확인되는 대로
  저작권법에 해당하는 사항을 준수하고자 합니다. 양해를 구합니다.

ISBN 979-11-950176-3-8 13320
진서원 도서번호 12001
값 13,000원

「이 도서의 국립중앙도서관 출판시도서목록(CIP)은 서지정보유통지원시스템 홈페이지(http://seoji.nl.go.kr)
와 국가자료공동목록시스템(http://www.nl.go.kr/kolisnet)에서 이용하실 수 있습니다.(CIP제어번호:
CIP2013028157)」

마흔살 행복한 부자아빠의 특별한 편지

'텐인텐'은 왜 젊은 부자의 편지에 열광했을까?

아파테이아 지음

진성원

국내 최고 오피니언 리더들의 만장일치 추천!

네비게이션 같은 책, 자유와 지혜에 대한 갈증을 풀어놓은 책!
그와 인연을 맺게 되면서 많은 감동과 영감을 받았다. 멈추어서 생각하게 되었고 인생의 방향을 재정비하는 데 도움을 받았다. 진정한 행복은 어디에 있는지 일깨워주는 놀라운 책이다. 사랑하는 딸에게도 추천하고 싶다.
| 경제적자유연구소 소장 김보규 |

숨가쁘게 달려온 어깨가 무거운 가장들에게 이 책을 추천한다
그의 거침없는 생각과 표현, 그럼에도 불구하고 그에게서 보이는 내면의 깊음과 배려, 그의 순수함과 솔직함에 많은 통찰을 할 수 있었다. 그가 주는 지혜는 내 삶의 방향을 재정비하게 해주었다. 내가 느꼈던 충격과 감동이 이 한 권의 책에 다 녹아 있다. 우리가 얻어야 할 자유가 무엇인지 알게 될 것이다.
| 셀트리온헬스케어 수석부사장, 한스킨 대표이사 문광영 |

No.1 재테크카페 '텐인텐'이 인정한 책!

대한민국 No.1 재테크카페 '텐인텐'의 전문가 칼럼니스트 중 단연 최고 조회수, 추천수를 자랑하는 아파테이아님의 책이 출간되었다. 그의 글은 성공하는 삶을 위한 명쾌한 해법을 제시하고 있다. 올해 꼭 읽어봐야 할 책이다. 적극 추천한다.

| 텐인텐 주인장 박범영 |

아버지의 진심과 정성이 담긴 글, 기대된다!

아이가 행복해지려면 공부보다 인성, 자존감과 자립심을 갖춰야 한다. 자본주의 시장도 이해하고 기회를 엿볼 수 있어야 한다. 이 책은 공부 외에 중요한 것을 명확하게 제시하고 있다. 나도 이 책을 지침서 삼아 내 아이들에게 세상의 지혜를 얻게 할 것이다. 대한민국 모든 부모들에게 자신 있게 일독을 권한다.

| (주)케이알리츠 대표 송희창《송사무장의 실전경매》등 저자 |

뭉클하다. 나도 지금 아들에게 편지를 써야겠다!

나보다 연배가 낮지만 존경하는 사람이다. 평소 그의 말은 깊이가 있고 따스해서 마음속 깊이 새겨듣는다. 그런 그가 아들에게 남기는 편지를 책으로 냈다. 나에게 해주는 말 같아서 뭉클하고 고맙다. 나도 지금 당장 아들에게 편지를 써야겠다.

| 리홀딩스 대표 이순상 |

대한민국은 '아들에게 편지 쓰기' 열풍 중!
"오늘 내가 죽는다면 어떤 말을 남길 것인가?"

자식에게 준다는 마음으로 아낌없이 쓴 글, 감사합니다
40을 넘어 50으로 가는 길목, 요즘 유난히 아버지의 체취가 그립습니다.
이 글을 보니 아버지의 육성이 들려오는 듯했어요.
36.5도의 체온 같은 글…… 여운이 쉽게 가시지 않네요.
| vikings |

아들에게 어떤 삶을 물려줄지 고민하기 시작했습니다
경제적 자유를 얻어 내 뜻대로 살고 진정 행복한 모습을 보여줘야겠지요.
체면보다 자신에게 정직한 삶이 저에게 맞는 것 같습니다.
볼수록 다음 글이 기다려집니다.
| Aoineco |

가난은 죄, 대물림은 정말 싫습니다!
자유…… 저에게 큰 숙제입니다. 어린 자식들에게 많은 걸 해주고 싶지만,
정작 해준 게 별로 없네요. 좋은 글 감사합니다.
물질적, 정신적 자유를 위해 힘을 내렵니다.
| 장군80 |

인맥 쌓기보다 중요한 건 누군가에게 필요한 사람이 되는 것!
나를 도울 사람을 찾기 전에 도움이 되는 사람이 되라는 말,
내 생각이나 실력이 좋아서 타인의 이득을 위해 활용가치가 높은 사람이
되라는 말! 지금 제 마음에 새기고 실천해야 할 말입니다.
| 심연으로 |

타인의 이목에 관련된 소비를 멈추자
요것 하나 실천하기 어려운지라…… 글을 읽고 나이를 헛먹었나 싶었습니다.
사고의 부지런함이 결국 자본주의 사회에서 노예 상태를
벗어나는 유일한 길이겠지요. 잊지 않겠습니다.
| 좋은방법없을까 |

충격적인 글, 더 나이 들기 전에 봐서 다행입니다
"타인의 이기적 유전자를 인정하고, 남의 이득을 중시하라"는 말,
충격이 상당했습니다. 나만 챙기는 게 결국 별 이득이 되지 않더군요.
사고의 유연함을 기르며 지치지 않고 끈기 있게 돌진하렵니다.
| 행운의친구 |

총각 때와 달리 여러 생각이 드는 밤, 벤치마킹하렵니다
올해 첫아이를 가졌습니다. 아파테이아님 같은 아빠,
남편이 되고 싶습니다. 하지만 꼭 그렇게 못 되더라도 한두 가지 역할은
꼭 해낼 것입니다. 언젠가 떠날 세상을 대비해서 벤치마킹해야겠어요.
| 그대와나 |

사업을 하기 전 이 글을 읽었더라면
그랬다면 몸 고생, 마음고생 덜 했을 텐데. 푼돈 벌자고 목돈 날리지 말라는
말씀, 사업에 대한 조언들 정말 감사합니다. 자본주의 시스템을 꿰뚫어보고
그 시스템을 이용하라는 조언, 감사합니다.
르꼬르뷔제

죽어도 후회가 없다는 말, 충격을 받았습니다
내가 원하는 삶을 이루기 위해 얼마나 열심히 살았는지 자문합니다.
끊임없이 두뇌를 작동시키고 유연한 사고를 만들라는 말, 깊이 다가옵니다.
그대와나

남들 손가락질에서 당당해지고 싶습니다
훌륭한 아버지시군요. Be myself! 저도 빨리 그룹문화의 손가락질,
체면치레 등에서 무심해질 수 있으면 좋겠습니다.
남들 눈에서 자유롭고 싶습니다.
이런 모습 아들에게 보여주고 싶어요.
Trent

돌아가신 아버지가 보내주신 것 같은 느낌, 딸에게 선물하고 싶네요
어젯밤, 그리고 아침까지 세 번을 읽었습니다. 곧 마흔살이 될 저에게
돌아가신 아버지가 주시는 편지 같습니다. 오전에 출력해서 아내에게 줬는데
힐링이 된다고 하네요. 제 딸이 크면 꼭 선물하고 싶은 글입니다.
복you

마흔살 행복한
부자아빠의
특별한 편지

이것은 평범하지만 비범한 한 남자의 유언이다.

맨손에서 큰 자산가로 변신한 그가
아들에게 남기고 싶은 것은
돈도 명예도 아닌,
자본주의 사회에서 주인으로 생존하는 법이다.

내 아들이 노예처럼 살지 않으려면?
갑의 횡포에 당하지 않으려면?
노예의 지식이 아닌 주인의 지식을 알려줘야 한다.

학교에서는 절대 배울 수 없는,
몸과 마음으로 부딪쳐가며 얻은 지혜를
마흔살 행복한 부자아빠의
유언장에서 공개한다!

고맙다, 네 덕분에
아버지 인생이 빛나게 되었어.

　　승민이는 아버지에게 살아가는 의미고, 가치고, 행복이다. 전부다.
　　얼마 전 유럽여행 때 아버지가 "너를 위해서라면 날아오는 총탄도 대신 맞을 수 있어"라고 말하자 승민이가 갑자기 엉엉 울어버렸지. 왜 우냐고 안아주었더니 너는 "너무 감동이어서요"라고 말했어.
　　아버지는 이 대화를 했던 때와 밤 호수의 장면이 자주 떠오른다. 그리고 그때를 생각하면 아버지 스스로 너무 뿌듯하고 행복을 느낀다.

　　아버지가 가장 크게 행복을 느끼는 때는 승민이가 행복을 느끼는 것을 보는 때란다.
　　고맙다, 승민아. 네 덕분에 나 혼자 잘 먹고 잘사는, 보잘것없는 인생이 되지 않았구나.
　　그런 의미에서 이런 편지를 남기는 것이 나중에 아버지의 인생에서 가장 잘한 일이라고 기억하게 될 것 같다.

아버지의 인생을 되돌아보니 많은 시행착오가 있었고, 많이 외로웠다. 많은 상처도 있었다.

사춘기가 되고 자아가 형성되어가면서 인생의 올바른 길에 대해 처절하게 탐구하고 고민하고 묻고 또 물었지만, 길을 잃고 헤맬 때가 많았다.

사랑에 대해 학교에서도 가정에서도 아무도 가르쳐주지 않았다.

인간관계가 정말 어려웠다. 부모님께서는 속을 주지 말라고만 하셨다. 인생 선배들이 제시해주던 인간관계의 풀이방식은 아버지에게 해결책이 되지 못했다. 지금 생각해보면 조언해주는 분들조차 완벽하지 못하고 흔들리는 존재였다. 많은 인생 선배들이 상처를 받으면서 마음을 닫거나 공격적으로 변하는 등 그렇게 나이를 먹어갔다.

직업에는 귀천이 없다고만 하였고, 선택에 있어서 많은 고민을 할 기회를 갖지 못하였다.

돈은 생각보다 중요한 것이라고 누구도 말해주지 않았고, 추구하지 말고 열심히 살면 따라온다고만 하였다.

자본주의 사회에서 부속품 같은 삶을 벗어나려면 어떻게 해야 하는지 어느 누구도 동기부여조차 해주지 않았다. 머릿속에서 일어나는 일이 현실에서 일어날 가능성이 높은데, 사회적 편견과 전통적 관념이 오히려 기회를 차단했다.

결혼한 이후 형제관계나 부모자식 관계나 고부관계 등에 있어서도 바람직한 방식과 방향에 대해서 누구도 논하지 않았다. 대체로 상처 속에서 살아가는 것 같았다.

성인군자들의 이야기는 멀게만 느껴졌고 적용하기 힘들었으며 추상적인 언어들만 가득했다. 그들의 이야기를 접할 때마다 '그래, 아는 거네, 그런데 잘 안 되네, 어쩌지?' 하는 생각이 자주 들었다. 한편으로는 솔직하지 못하다고도 느꼈다.

하지만 아버지는 최고의 사랑을 만났다.

상처에 영향을 받지 않고 인간애를 유지하면서 세상의 아름다운 면을 많이 보며 살아갈 수 있게 되었다.

타인도 나처럼 욕망을 추구하는 존재임을 인정하게 되어서 필요한 사람이 될 수 있었고, 행복한 인간관계 방식을 찾아내게 되었다.

돈이 중요하다는 것을 깨닫고, 주저앉아 자본주의 사회를 비판만 하지 않고 일어서서 극복하여 경제적 자유를 얻게 되었다.

돈은 우정이나 효도나 봉사 등 가치로 환산이 될 때만 의미가 있다는 것과, 욕망을 제어함으로써 돈의 노예가 되지 않는 법도 깨닫게 되었다.

사회에서 던져주는 의제만 받아들이는 삶이 아닌 스스로 통찰하는 삶의 방식을 찾아냈고, 사회적 관념이 주는 문제점도 극복하였다.

현재가 중요하다는 것을 깨닫고, 어떤 마음가짐으로 현재를 만끽할 수 있는지 찾아냈다. 느림의 소중함도 알게 되었다.

타인의 이목이 주는 속박에서 벗어나고, 진정한 자유를 추구하는 법을 알게 되었다.

지속적이지 않고 질적이지 않은 쾌락의 성질에 대해 간파함으로써 욕망의 노예로 살아가는 삶을 막을 수 있었다.

사람은 생각으로 규정된다. 그 사람이 어떤 사람인가는 그 사람이 어떤 생각을 하는가와 같은 질문이다.

한 사람이 성장하고 자아실현을 하고 행복을 누리는 데에 크게 영향을 미치는 것은 문제의 다소나 유무에 달려 있지 않고, **다루는 방식**에 달려 있다.

아버지는 이것에 대한 매뉴얼을 승민이에게 제시해주고 싶었다.

승민아, 이 편지는 '지금 죽어도 여한이 없다, 내 인생은 정말 잘되었고 행복하다'고 느끼는 사람의 편지다. 그리고 무엇보다 너를 가장 사랑하는 사람의 편지니 믿고 참고하면 좋을 것이다.

차례

프롤로그 **10**

첫 번째 편지
죽기 전에 후회하지 않으려면? · 20

22 · 유언, 꼭 해주고 싶은 세 가지 이야기
26 · 인생은 선택, 선택의 기준은 '내 뜻'!
32 · 사람이 가장 필요로 하는 감정은 '감사'
37 · 용서는 이기적인 것

두 번째 편지
남의 눈치 보며 살기엔 인생은 짧다 · 40

42 · '타인의 이목'으로부터 해방되면 한국은 가장 행복한 나라
48 · 함부로 판단하고 평가하지 말자
52 · '현재'가 가장 중요해
56 · 느림의 아름다움을 알아채라
59 · 가정에서의 성공이 최고의 가치다

세 번째 편지
'내 뜻'대로 살기 위해 필요한 것들 · 62

64 · 돈, 중요하다고 선언해라. 괜찮다!
67 · 내 삶이 돈을 지배하게 해라
72 · 절약보다 더 중요한 것은 사고의 부지런함

네 번째 편지
후회 없는 인간관계 맺기 · 76

78 · 인간애는 선택이 아닌 필수!
84 · 인간 본성에 대한 깊은 이해 — 정상인의 범주 넓히기
92 · 인연을 확장할 때는 조심스럽게
96 · 최고의 사랑을 만나려면
100 · 최고의 사랑을 만나는 최고의 방법, 그리고 시기
103 · 사랑하는 사람과 소울메이트가 되는 법
110 · 가족끼리 상처받지 않으려면?
120 · 고부갈등 극복하는 법

다섯 번째 편지
시험을 위한 공부, 인생을 위한 공부 · 130

132 · 학교 성적과 공부, 아버지의 바람
138 · 아버지의 실수, 후회하는 것들
141 · 영어 공부에는 전략이 필요하다
152 · 공부, 인성, 행복의 삼각관계
159 · 모든 종교가 공통적으로 이야기한다

여섯 번째 편지
자본주의 사회에서 노예가 되지 않으려면 · 162

- 164 · 돈의 노예로 살지 않으려면 돈과의 약속이 필요하다
- 170 · 최종소비자의 반대편에 설수록 돈을 번다
- 176 · 진짜 실력, 진짜 인맥 만들기
- 180 · '그냥 열심히' 말고, '사고의 열심히'가 중요해
- 190 · 직업은 귀천이 없지만 잘 선택해야 한다
- 194 · 부자가 부의 시스템을 만드는 법
- 201 · 사업, 푼돈 벌다 목돈 날리지 않으려면?

일곱 번째 편지
너도 마흔살이 되면
아들에게 편지를 써보렴 · 208

- 210 · 너의 불행을 보여줘, 그래야 힐링이 되지
- 216 · 정체성에 관하여 ― 독수리와 병아리 이야기
- 224 · 만족지연능력에 관하여 ― 3분 물구나무서기

에필로그 **229**

첫 번째 편지

유언, 꼭 해주고 싶은
세 가지 이야기
—
인생은 선택,
선택의 기준은 '내 뜻'!
—
사람이 가장 필요로 하는
감정은 '감사'
—
용서는 이기적인 것
—

죽기 전에
후회하지
않으려면?

유언, 꼭 해주고 싶은
세 가지 이야기

승민아, 아버지는 언젠가는 죽는다. 지금 바로 심장마비로 죽을 수도 있고, 나중에 죽을 수도 있고. 그렇지만, 반드시 죽긴 죽는다. 죽음은 승민이를 포함한 모든 인간이 겪어야 할 인생의 과정이지.
아버지가 죽기 전에 세 가지 말을 해주고 싶어.

아버지가 죽는다고 네가 슬퍼하지 않았으면 좋겠다.
승민이의 현재의 삶에 아버지가 얼마나 많은 부분을 차지하고 있는지, 얼마나 큰 존재인지, 얼마나 그리워할지 너무나도 잘 알고 있기 때문에 이 말을 가장 먼저 해주고 싶다.
이것은 아버지 유언이다. 제발 슬퍼하지 말고, 씩씩하게 현재를 누리면서 마음껏 살아.

죽음은 하나님께서 발명하신 최고의 선물이야. 영원한 휴식이기도 하고 영원한 평안이기도 하지. 죽음이 없다면 인생이 이렇게 아름답지는 않을 거야.

이집트의 피라미드를 보면서 아버지는 생각해. 이집트의 왕 파라오가 살아 있을 때 권력과 부가 얼마나 찬란하고 하늘을 찌를 기세였을지. 하지만 피라미드고 뭐고 다 소용없어. 죽음 앞에서는 모두 평등해지지. 그리고 인류 역사를 우주적 측면에서 보면, 한 생명의 죽음은 자연의 이치이자 점일 뿐이야. '언제 죽었는가'보다 '어떻게 살았는가'만 있을 뿐이야.

그러니 제발 아버지가 죽었다고 슬퍼하지 말고, 아버지가 '어떻게 살았는지' 떠올리며 행복하게 받아들여라.

두 번째는, 아버지가 죽은 후에 혹시 네 꿈에 나타나든 헛것을 보든, 아버지는 승민이를 무조건 지지하고 응원할 것이라는 점을 명심하렴.

승민이가 자위행위를 하든지, 다른 어떤 짓을 하든지, 아버지는 모두 용인할 수 있고 사랑한다는 점을 꼭 명심해. 네가 아버지를 욕해도 사랑할 거야.

그러니 아예 신경 쓰지 않았으면 좋겠고, 혹시 신경이 쓰이더라도 포근하고 아늑한 느낌으로 썼으면 좋겠다.

할아버지는 아버지에게 무척 무서운 분이셨고, 아버지는 승민이 할아버지의 죽음을 통해서 많은 공포와 고통을 느꼈어. 입관식을 보는 것이 너무 두려워서 방에 숨었었지. 살아 계실 때 아버지와 따뜻한 대화가 없었고, 어리기도 해서 전혀 마음의 준비를 하지 못했어. 너는 아버지와 달랐으면 좋겠구나.

세 번째는, 우주에서 유일한 존재인 승민이 자신을 무조건 사랑하라는 것이다.

이스라엘의 한 정신과 의사가 TV에서 인터뷰를 할 때 다음과 같이 이야기했다.

"나는 ADHD다. 나는 이것을 단점으로 생각하지 않았고 **뇌의 작용방식이 다를 뿐**이라고 생각했으며, 이를 극복하고 의사가 되어 이렇게 인정받으며 살아가고 있다."

우루과이의 한 축구 영웅은 다리를 잃었고, 의족으로 골을 넣었다. 그리고 이렇게 말했다.

"다리가 없는 것은 내 인생에서 전혀 문제가 되지 않는다."

단점조차 승민이의 색깔이다. 너 자신의 모든 면을 사랑하고, 너만의 방식대로 씩씩하고 담대하게 살아가라.

아버지가 지금 당장 죽어도 여한이 없는 이유는 마음껏 원하는 삶을 살았기 때문이야. 이 말은 승민이 어머니도 똑같은 입장이야. 아버지에게 지금 당장 죽어도 여한이 없다고 여러 번 이야기하셨어.

그렇다면, 어떻게 하면 원하는 삶을 살 수 있는지 아버지가 이야기해줄게.

단점조차 너의 색깔이다.
너 자신의 모든 면을 사랑하고,
너만의 방식대로 씩씩하고 담대하게 살아가라.

인생은 선택,
선택의 기준은 '내 뜻'!

사람들이 죽기 전에 가장 후회하는 것이 무엇일까 생각해보렴. 이 편지를 덮고 잠시 생각해봐.

승민이가 지금 생각한 것들은 아마도 다 순위 안에 있을 것 같다. '가족과 좀더 시간을 보낼걸', '일 좀 덜 할걸' 등 많은 게 있지만, 그중에서도 1위는 '내 뜻대로 살걸'이야.

많은 사람들이 죽기 전에 이 부분을 후회하는 것을 보면, 대부분 내 뜻대로 살지 못한다는 이야기고, 내 뜻대로 사는 것이 정말 어려운 일이라는 점을 승민이도 감지했겠지.

이것은 용기가 필요할 정도로 어려운 일이야. 카렌 와이어트* 란 사람은 수십 년간 환자들 인생의 마지막 순간을 관찰했는데, 그가 지켜본 사람들은 임종 때 경이로울 정도로 맑은 정신을 갖고 있었고 깊은 통찰을 보여주었다고 해.

저마다 다른 삶을 살았던 사람들이지만 놀랍게도 후회하는 것은 거의 비슷했다 하고.

그들이 마지막에 보여준 회한은 **'다른 사람들의 기대에 맞추는 삶이 아니라, 스스로에게 진실한 삶을 살 용기가 있었더라면'** 하는 것이었어.

사람들 대부분 내 뜻대로 산다고 생각하는데, 그것은 착각이야. 내 뜻이 아니라 어머니의 뜻, 아버지의 뜻, 아내의 뜻, 선생님의 뜻, 친구의 뜻, 사회의 뜻, 전통적 편견의 뜻, 선입견의 뜻 등, '다른 사람의 뜻'과 '다른 사람의 기대'로 살아가고, 그러다 죽기 전에 통한의 눈물을 흘리지.

내 뜻인지 다른 사람 기대인지 정말 멈춰서 곰곰이 오랜 시간 생각하지 않으면 헷갈리기 쉽단다.

● 카렌 와이어트(Karen M. Wyatt, M.D.) : 25년간 저소득층 시한부 환자를 위한 호스피스 관련 일에 종사했으며 노숙자를 위한 무료병원을 설립했다. '미국 여성의 정신상'을 수상했으며 《일주일이 남았다면 : 죽기 전에 후회하는 7가지》 등의 책을 썼다.

정말 내 뜻대로 살려면 20대 때 정체성* 이 완벽히 확립되어야 하고, 경제적 자유가 뒷받침되거나, 뒷받침되지 않으면 일과 행복이 겹쳐지거나 해야 하고, 이런 것을 떠나서 스스로에게 진실한지 통찰 후에 정말 큰 용기가 필요해.

그냥 살면, 승민이는 나중에 아마도 이렇게 이야기할 거야.

"내 뜻대로 살걸······."

아버지의 후배가 아버지에게 상담을 하러 온 적이 있었다. 몇 년 동안 사귄 여자친구가 있는데 새로운 사람이 나타났고, 둘 중에 누구를 선택해야 할지 모르겠다고. 많은 사람들에게 상담했는데 결론을 못 내리겠다고.

아버지는 다음과 같이 대답해줬다.

"네가 스스로 선택하는 것은 후회가 없다. 비록 잘못되더라도 너 스스로 선택한 것이기 때문이지. 지금 이런 고민을 나에게 털어놓고 상담하는 것은 정말 어리석은 짓이다. 왜냐하면 이 부분에 대한 정보는 네가 가장 많이 가지고 있고, 가장 많이 생각했을 텐데 말이다. 사람들에게 상담할 때는 비디오로 다 찍어서 모든 부분을 순간순간 느끼게 하고 설명해준 후 너처럼 오래 생각해보게 한 다음 상담을 해

• 정체성 확립에 대한 이야기는 216쪽을 참고하길 바란다.

달라고 해야 정확한 결정이 나온다. 고작 잠깐 네 얘기 듣고 잘 알지도 못하면서 코치해주는 사람들의 말에 네 인생을 맡길 것인가? 그냥 네 뜻대로 결정해라."

인생은 선택이다. 그리고 그 선택의 기준은 '내 뜻'이어야만 한다.

아버지가 후배에게 대답해준 말을 승민이 인생의 선택에 있어서 여러 가지 일에 적용하기를 바란다.

어머니는 '내 뜻'대로 사신 지 몇 년 안 되셨단다. 아버지가 어머니에게 교직을 그만두라고 몇 년 동안 설득했어.

교직이 어머님이 시작하던 시절과 달리 매우 안 좋은 시스템으로 변화하는 과정이었어. 예전 자라는 동안 나쁜 교사들에 대한 기성세대의 반감이 언론 등 사회 전반에서 표출되어 어설픈 제도개혁이 있을 시점이었지. 열정적인 교사들이 견디기 힘들 때였어. 미국의 시스템을 도입하려면 미국의 학생 제어 시스템도 같이 도입되어야 한다고 생각하는 사람들이 늘어날지도 모르고, 정반합의 과정을 거치면서 다시 개선되겠지만, 야학 등 다른 방법으로도 꿈을 펼칠 수 있을 것이라 생각해서 그렇게 권유했지.

퇴직을 진지하게 고민하는 과정 속에서 어머니는 최종 결심을 했지. 근무를 계속 하기로 했고, 학교는 자연스럽게 놀이터가 되고 행복을 주는 곳이 되어버렸지. 그전에는 개학이 다가오면 무척 괴로워하셨는데, 멈추어 생각한 후 개학을 기다리는 선생님이 되셨다. 그리고 1원의 봉급을 안 주더라도 정년퇴임하기로 선언하셨어. 그리고 엄청나게 노력해서.

　일이 행복과 열정과 가치와 의미가 겹쳐야 되는데, 이것이 아니라면 다른 방법을 생각해야 하고, 다른 방법을 생각하는 데에는 경제적인 것이 매우 중요한데, 이 부분에 대해서는 다시 자세히 이야기해줄게.●

　네가 자라면서 정말 하고 싶은 일을 찾는 게 중요하고, 이것이 정체성을 확립해나가는 일 중에 일부분이기도 하지.
　정체성이란 '내가 무엇을 잘하고, 무엇을 할 때 가장 행복하고, 나는 어떤 사람인가에 대한 명확한 앎'이라고 아버지는 규정짓고 싶다. 하지만 대부분의 사람들이 자신의 진로조차 타인의 기대에 의해 결정해버리거든.
　이 부분에 대해서는 앞으로 많은 시간을 할애해서 곰곰이 생각해보고 아버지와 많은 대화를 하도록 하자.

● 　부를 추구하는 법에 대한 이야기는 여섯 번째 편지를 참고해라.

Make your life extraordinary!

·

그 누구도 아닌 자기 걸음을 걸어라.
나는 독특하다는 것을 믿어라.
누구나 몰려가는 줄에 설 필요는 없다.
자기 걸음으로 자기 길을 가라.
바보 같은 사람들이 뭐라고 비웃든 간에.

·

영화 《Dead poets society(죽은 시인의 사회)》 중에서

사람이 가장 필요로 하는 감정은 '감사'

"항상 감사하라"

이 말씀은 인생을 행복으로 완벽하게 채우는 최고의 명언이다.

승민이는 항상 감사하며 살기를 바란다. 행복은 마음에 달려 있고, 감정도 선택이 가능하다. 감사의 감정은 매사에 행복을 선택하게 한다.

또한 타인이 승민이에게 감사하게 하는 것이 인생에서 중요한 포인트다. 개나 소나 돼지처럼 자신만을 위해 잘 먹고 잘살다가 갈 것인가?

테레사 수녀, 나이팅게일, 슈바이처 박사 등의 인생은 최고로 행복한 인생이었음에 틀림없다. 인류가 인정하고 있는 바다. 봉사, 기부 등은 이타적인 삶으로 높이 평가받기 이전에, 절대적으로 자신을 위한 것이기도 하다.

많은 경험자들이 이야기한다. 타인을 위하는 일, 봉사 등은 해보지 않고는 그 기쁨과 행복이 얼마나 큰 것인지 모른다고.

두 가지 팁을 주겠다.

첫 번째 팁 - 타인을 도울 때, 자산을 뿌리째 뽑아 나누지 말고 열매를 나누면 좋겠다.

물론 이것은 성인군자의 말씀은 아니다. 평범한 인간인 아버지가 아들에게 해주고 싶은 말일 뿐이다. 선택은 너에게 달려 있지만, 아버지 마음은 그렇다.

아버지가 존경하는 세계 최초 노벨 평화상 수상자이자 국제적십자 창시자인 앙리 뒤낭●은 모든 자산을 타인에게 나누어준 뒤 파산했다. 1867년 제네바를 떠나 매우 가난하게 살았고, 1895년 한 신문기자가 하이덴에서 그를 다시 발견했다. 나중에 노벨 평화상 상금도 모두 기부하였다.

● 앙리 뒤낭(Jean-Henri Dunant) : 국제적십자를 창립했으며 1901년 제1회 노벨 평화상을 받았다. 그의 생일인 5월 8일을 '적십자의 날'로 정한 후 지금까지 기념하고 있다. 부유한 집안에서 태어나 어린 시절부터 빈민 봉사활동을 해오며 국제적십자를 세웠지만, 사업이 악화되고 결국 빚더미에 오르게 되었다. 말년은 가난 속에서 최소한의 연금에 의지하며 살다 스위스의 하이덴(Heiden)에서 생을 마감하였다.

승민이가 앙리 뒤낭이라 가정할 때, 1867년부터 1895년까지 노숙자 정도로 위축되었던, 나누는 삶에 대해서 말하고 싶다.

예를 들어 승민이가 어떤 자산을 소유하고 있고, 거기서 나오는 매월의 금액을 가지고 나눔을 베푼다면 나누는 일을 지속할 수 있지만, 자산을 뿌리째 나누어준다면 승민이는 곧바로 남의 도움을 받아야 하는 입장이 되고 만다. 승민이를 믿고 의지하는 처자식은 무슨 죄란 말인가.

아버지도 한 해 동안 무조건 나누다가 큰 위기에 봉착한 적이 있었다. 막상 위기에 처하면 세상에서 1원이라도 도움을 받기가 어렵더구나. 그래서 나누는 삶을 지속할 수 있는 방법을 찾아야 했다.

책임 있는 가장이 되기를 바란다. 승민이가 너무 여려서 혹시 혼동 속에서 잘못된 선택을 할까 봐 이야기한다.

일시적으로 나누다가 구걸해야 하는 처지가 되지 않으려면 자산을 뿌리째 뽑아 나누어주면 안 된다. 뿌리는 놔두고 그 열매를 지속적으로 나누길 바란다. 이렇게 하는 이유는 너의 가정도 소중하기 때문이다.

두 번째 팁 - 사람의 본성은 감사 표현을 하기 힘들게 만들어져 있다.

누군가에게 베푼다면, 절대로 기대하지 말고 베풀어라. 그렇지 않으면 너는 엄청난 상처를 받을 것이다.

방송인 뽀빠이 이상용 씨는 34년간 567명의 어린이에게 무료로 심장병 수술을 해주었는데, 받을 때는 그토록 절박하고 간절했던 사람들이었지만, 세 사람한테서만 감사 전화를 받았다고 TV에서 인터뷰하였다.

예수님은 열 명의 나환자를 고쳐주었지만 감사를 표시한 사람은 한 명뿐이었다.

유명 형사사건 변호사였던 사무엘 라이 보위츠는 78명의 피고를 사형으로부터 구해냈다. 하지만 단 한 사람도 그에게 감사 표시를 하지 않았다고 한다.

금전적인 부분이 관계되면 더더욱 그렇다. 감사해하기보다는 불편해할 가능성이 더 크다.

아버지의 경험상, 베푼 것에 대해 감사의 표현을 받으려 하면 자존심 상해하거나 힘들어할 뿐이더라.

베푸는 것은 자신을 위한 것이다. 자신의 기쁨을 위해서 할 수 있을 때, 그때가 베풀 수 있는 시기가 된 것이다.

아버지는 이 시기가 오기도 전에 베풀었다가 많은 충격을 받았다. 승민이는 혹시 그런 경험을 하더라도 절대로 놀라지 않기를 바란다.

이러한 인간의 본성을 모르기 때문에 세상의 많은 사람들이 고통

속에 산다. 아버지도 많은 사람을 상담해주다 보니 비슷한 경험들을 자주 듣게 된다. 대부분 조카에게 이렇게 베풀었는데, 형제나 친구에게 이렇게 베풀었는데 지금은 이렇다 식의 한을 가지고 평생을 살아가는 경우가 많다.

항상 세상과 타인에게 감사하되, 베풀 때는 바라지 말고 베풀어야 한다. 그것이 가치 있는 인생이다.

용서는
이기적인 것

　용서는 나 자신을 위한 것이다. 이 말은 모든 현인들이 하는 공통된 얘기고, 초등학교 도덕 교과서에도 자주 등장한다.
　《성경》에 "원수를 사랑하라"는 말은 원수를 위한 것이 아니다. 용서하지 않은 상태에 남아 있는 증오와 분노는 내 삶을 지옥에서 놓아주지 않는다.

　초등학교 5학년 교과서에 나오는 이야기가 있다.

　아프리카에서 자원봉사로 평생을 보내고 있는 분이 있는데, 딸이 자신이 돕고 있는 사람들 중 한 사람에 의해 살해당했다. 강도행위에 의해 딸을 잃은 것이다.

이후 이 사람의 삶의 선택은?

'용서하고, 그곳에서 봉사의 삶을 지속한다.'

나는 이 사람의 선택을 성인군자의 선택이라기보다는 현명한 선택이라고 본다.

만일 용서하지 않았다면?

아마도 평생을 증오 속에서, 그곳에서 봉사하며 지낸 인생의 모든 것을 후회하며 죽기 전에 지옥에 먼저 도달하여 평생을 보냈을 것이다.

하지만 용서를 하였기 때문에 그의 인생은 가치 있어졌고, 지옥에서 탈출하여 행복한 삶을 보내며, 교과서에 나올 만큼 세상에 좋은 영향을 미치는 결과를 가져온 것이다.

그 이후에 할 수 있는 최선의 선택이 용서였으며, 용서는 철저히 나 자신을 위한 것임이 증명되는 이야기다.

아버지의 경우 가장 먼저 '감정 차단'을 한다. 그리고 나 자신을 위해 이기적인 용서를 하는 편이다.

용서는 나 자신을 위한 것이다.
《성경》에 "원수를 사랑하라"는 말은
원수를 위한 것이 아니다.
용서하지 않은 상태에 남아 있는 증오와 분노는
내 삶을 지옥에서 놓아주지 않는다.

두 번째
편지

'타인의 이목'으로부터 해방되면
한국은 가장 행복한 나라
—
함부로 판단하고 평가하지 말자
—
'현재'가 가장 중요해
—
느림의 아름다움을 알아채라
—
가정에서의 성공이
최고의 가치다
—

남의 눈치 보며
　　　살기엔
인생은 짧다

'타인의 이목'으로부터 해방되면
한국은 가장 행복한 나라

　한국은 세계에서 가장 살기 좋은 나라다. 이 점은 아버지가 보증하니 굳게 믿어라. 정(情), 서비스 정신과 배려심 등은 세계 어떤 나라도 따라올 수 없다.
　지금 이 글을 쓰면서 주위를 둘러보니 야식 메뉴 전단지가 엄청나게 많다. 총알 배송, 방대한 메뉴, 탁월한 맛 등 이것 하나만 봐도 한국인들의 근면성과 서비스 정신은 최고다. 일반인들의 도덕성도 매우 높다고 아버지는 생각한다.
　지난번 승민이와 함께한 유럽여행에서 아버지는 많은 것을 느꼈다. 이탈리아에서 샌드위치를 샀을 때 올리브가 썩었다는 것을 알고 바꿔달라고 했더니 주인이 막 화를 내는 것을 너도 보았을 것이다.

우리나라 같았으면 상상할 수도 없는 일이다.

　유럽의 많은 나라에서 비슷하게 겪은 일 중 하나는 점심시간이 되면 손님을 내쫓고 문부터 잠그고 나가버린다는 것이다. 1분만 시간을 주면 물건을 사겠다고 사정해도 안 된다고 한다.

　프랑스의 베르사유 궁전 근처 화장실에 갔을 때다. 2유로 동전을 넣어야 문이 열린다. 동전을 바꿔서 다시 갔지만 차마 들어갈 수 없었다. 배설물 때문에 발을 디딜 틈이 없었다. 아버지는 항의를 했다. 그냥 가란다……. 역시 우리나라 같으면 있을 수 없는 일이다.

　자칭 5성급이라는 고가의 호텔임에도 불구하고 서비스가 우리나라 모텔만도 못하다. 전기와 물이 너무 귀하다. 30도가 넘는 더위에 에어컨이 없는 경우가 많았다. 갑작스러운 시설 이상으로 물이 안 나오는 호텔을 바꾸는 데 너무 힘들었다. 우리나라 같았으면 호텔 측에서 호텔 이동 전반에 대한 책임을 졌을 것이다.

　대학도 서로 안 가려고 한다. 의외로 평균 국민 수준도 낮은 편이다. 유럽여행 중 느낀 점은, 게르만족 외에는 다들 영어를 너무 못한다는 것이다. 약사들조차도 영어를 못한다. 근육이완제를 사려고 약국을 두 군데나 돌아다녔다.

　영어만이 아니라 문맹률 자체가 상대적으로 높다. 천재들에 대한 교육체계는 잘되어 있는 편이지만, 일반 국민들의 교육열은 낮다. 국민 교육의 평균 수준을 따져보면 우리나라가 단연 세계 최고가 아닐까 생각이 든다.

국가가 경제적으로 윤택해지려면 국민의 근면성과 도덕성이 매우 중요하다. 이 부분 역시 우리나라가 우위에 있다고 생각한다. 독일과 스위스가 유럽에서 잘사는 편인데, 이 두 나라는 주요 구성원이 게르만족이다. 게르만족은 유럽에서 원칙을 중시하고 근면한 민족이다. 이 부분에 있어서도 우리나라 국민들이 괜찮은 편이다.

지역감정은 이탈리아가 더하다. 다른 지역의 자동차가 보이기만 하면 부수고 불태울 정도다.

우리나라 사람들은 유럽의 풍경과 오래된 도시에 환상을 가지고 있다. 아버지 생각은, 유럽은 역사적 가치는 높지만 국민들은 불쌍하다고 본다.

프랑스를 비롯하여 대다수 국가의 주요 도시는 신축과 증축이 법규상 불가능하거나 어렵다. 수백 년 된 도로와 건물들을 대부분 그대로 사용하는데, 최근에 지은 건물에 비해 편의나 구조는 형편없다. 예술적으로 좋을 뿐이지, 사는 것은 불쌍하다. 우리나라로 치면 모든 서울시민이 민속촌에 강제 거주하는 것이나 마찬가지다. 똑똑한 조상들 덕분에 불편을 감수하고 있다고나 할까?

도로가 너무 좁아서 불이 나면 소방차가 들어갈 수 없다는 게 걱정된다. 그래서 그 도시를 다닐 수 있는 차는 초소형 차만 가능하다. 그래서 택시도 정말로 작다.

밤에 우리나라만큼 안전한 나라는 정말로 드물다. 밤에 누릴 수 있는 서비스도 우리나라가 최고다.

해가 지면 갈 식당이 없는 나라들이 많다. 우리나라의 밤은 정말 자유롭다.

총기가 있는 나라에 가면 참 한심하다는 생각이 든다. 많은 사람들이 죽어나가도 탐욕에 의해 총기 정책을 포기하지 못하니 말이다.

서비스 정신(배려)과 정(情), 그리고 근면성과 도덕성. 이것이 바로 우리나라의 훌륭한 점이다. 하지만 그 동력을 살펴보면 아이러니하게도 그룹문화에서 오는 '손가락질' 덕분이다.

손가락질, 이것에 감사해야 한다. 다만 손가락질로부터 자유롭지 못하면 한국은 더 이상 살기 좋은 나라가 아니다. 승민이가 한국의 장점이자 단점인 타인의 이목, 타인의 손가락질로부터 자유로울 수만 있다면 세계에서 가장 살기 좋은 나라에서 살아가는 기쁨을 마음껏 누리게 될 것이다.

아버지가 대학 시절 캐나다에 연수 갔을 때 한국이 참 많이도 그리웠다. 하루라도 빨리 돌아가고 싶었다. 그래서 한국의 많은 엘리트들이 캐나다까지 이민을 와서 식당이나 세탁소를 하며, 한국에서 누리는 지위를 포기하고 사는 게 의아했다.

그들 얘기를 들어보니, 한국을 떠나 몇 년 동안은 향수병을 앓았다고 한다. 하지만 향수병을 극복한 이후에는 다시는 한국으로 돌아가고 싶지 않았다고 말한다. 그 이유는 한국의 '손가락질 문화' 때문이었다. 이렇듯 손가락질 문화는 한국의 장점이자 단점이다.

한국을 비롯한 중국, 일본 등 아시아 국가들은 그룹문화다. 항상 외적기준에 의해 움직인다. 외적기준이 되는 것은 바로 체면이다. 체면은 부끄러움(Shame)에 기반을 둔다.

같아지기를 강요한다. 남이 알면 자살해도, 모르면 편안해한다. 그룹의 기준이 같아지기를 강요하는 세상이다.

아버지가 결혼 전 어머니 집에 갔을 때, 배가 터질 것 같았지만 계속 주시는 밥을 거절하지 못하고 결국 소화제까지 먹은 기억이 난다.

외적기준이 그렇다. 직장에서 선배들이 술잔을 안 비운다고 손가락질을 하기에, 죽도록 술을 먹고 고통스러워했던 기억이 있다. 중간에 도망갔다고 2주를 혼난 적도 있다.

살아갈수록 돈이 중요한 것 같다며 선배에게 고백했다가 젊은 놈이 벌써 돈을 밝힌다며 혼났다. 아니, 죽도록 혼났다. 그때 아버지가 스물아홉 살이었고 선배가 두 살 많았으니, 지금 생각해보면 그 선배도 무척 젊었다. 아니, 어렸다.

이렇게 함부로 상대의 생각을 규정하거나 단정짓는 것은 젊은 나이에 바람직한 방식은 아니라고 생각하지만, 한국에서는 흔한 일이다.

우리나라에 반해 서양은 내적기준에 의해 움직인다. 그리고 그 기반이 되는 것은 죄책감(Guiltiness)이다.

한국 죄수들은 다들 얼굴을 가리지만, 서양 죄수들은 그렇지 않다. 캐나다에서 친구들과 산책을 하는데, 친구 한 명이 잠깐 기다리라며 아이스크림을 자기 것만 사서 먹으며 뒤따라왔다. 정말 충격적이었다. 우리나라 같았으면 친구 머릿수만큼 다 사야 한다.

우리나라에서는 서로 술값을 낸다고 아우성이지만(물론 속으로는 서로 안 내려고 한다. 체면, 부끄러움, 남이 어떻게 생각하는가가 기준이기 때문이다), 서양에서는 상상할 수 없는 광경이다.

우리나라 성장의 원동력이 된 '체면'은 다른 나라와 비교하여 그 본질을 파악할 필요가 있다. 그래야만 자유가 온다. 또한 '체면'은 우리나라의 자살률과 스트레스 지수와도 연관이 있다.

때로는 필요에 의해 우리나라의 문화에 맞춰줘야 할 것이다. 하지만 승민이가 모든 갑을관계에서 벗어난다면, 타인의 이목으로부터 반드시 자유를 쟁취하기를 바란다. 승민이가 이런 자유를 얻지 못한다면 평생 엄청난 속박 속에서 많은 시간적, 정신적, 경제적 비용을 치르며 감옥에서 사는 것처럼 살아가야 할 것이다.

함부로 판단하고
평가하지 말자

　판단하고 평가하는 것은 나와 타인의 인생을 불행하게 만든다. 또한 타인이 나를 평가하고 판단하도록 허락하지 말자.

　사람은 살아온 환경, 사고, 습관 등 입장이 매우 다르다. 이쪽 말 들어보면 이쪽 말이 맞고, 저쪽 말 들어보면 저쪽 말이 맞다.
　함부로 평가하는 것은 매우 위험한 일이며 조심해야 한다. 이런 습관이 있는 사람들은 인간관계에서 매우 불행하게 사는 것이 대부분이다. 평가하고 단정짓기는 삶을 최악으로 만든다.
　승민이가 가장 싫은 사람이 어떤 사람인가를 생각해보면 답이 나온다.

승민이부터 똥 묻은 개가 겨 묻은 개 나무라는 격이 되지 말아야 한다.

예수님께서는 죄 없는 사람만 사마리아 여인에게 돌을 던지라고 하셨다. 돌을 던질 자격이 있는 사람은 아무도 없다. 작게는 직장에서, 넓게는 사회, 국가에서, 가장 나쁜 영향을 주는 사람이 함부로 평가하는 사람이다.

이렇듯 꽉 막힌 사람은 스스로의 인생을 잔인하고 비참하게 만든다.

또 타인의 평가를 용납하지 말자. 가서 따지고 뜯어 말리라는 말이 아니라, 내면에 영향받지 말고 나의 가치를 스스로 인정하라는 뜻이다.

고등학생 때, 아버지가 책상에 붙여놓은 문구가 있다.

"고양이가 꼬리(타인의 찬동, 좋은 평가)를 물려 하면 앞으로 나아가지 못하고 제자리만 맴돌지만, 꼬리를 쫓지 않고 앞으로 나아가면 꼬리는 항상 따라온다."

웨인 다이어 라는 사람이 쓴 책 속에서 발견한 이 문구는, 여린 아버지의 마음에 철갑 옷이 되어주었다. 타인의 평가나 이목은 바람에 흩날리는 먼지처럼 매우 가변적인 것이다. 타인은 승민이가 스스로를 인정하는 만큼만 인정하게 되어 있다.

아버지는 이를 실천하였고, 대학교 1학년 때 동기들 사이에서 가장 영향력 있는 사람이 되었다.

나와 대화할 때 눈물을 흘리며 메모를 하는 동기들이 적지 않았고, 나를 만난 게 인생에 가장 큰 행운이라는 내용의 편지를 자주 받았다. 군 입대 때도 많은 동기들이 함께 울어주고 슬퍼해주었다.

제대 후 후배들 앞에서 소개할 때 첫마디가 기억난다. 다른 예비역 동기들은 모두 "잘 부탁한다"는 의미의 말을 전했고, 나는 "최소한의 예의는 지키고 살자"고 간단히 이야기했다.

나의 가치는 내가 스스로 인정하고, 나 자신을 아끼고 다독거려 줬다.

어느 날 내 예비역 동기들이 나에게 비결이 뭐냐고 물어봤다.

"후배들이 인사도 잘 안 해서 상처를 많이 받는데, 너한테는 다들 왜 이렇게 잘하냐? 신기하다."

존경받는 선배가 된 이유는, 나 스스로 사랑해주고 그렇게 마음을 가지고 행동했기 때문이라고 대답했다.

● 웨인 다이어(Wayne W. Dyer) : 이 시대 가장 뛰어난 자기계발 전문가로 평가받는 심리학자다. 미국 디트로이트에서 고아로 어렵게 자랐지만, 많은 난관을 극복하고 꿈을 이룬 입지전적 인물이다. 저서로는 《행복한 이기주의자》, 《내 마음의 북소리》, 《의도의 힘》 등이 있다.

고양이가 꼬리를 물려 하면
앞으로 나아가지 못하고 제자리만 맴돌지만,
꼬리를 쫓지 않고 앞으로 나아가면
꼬리는 항상 따라온다.

'현재'가
가장 중요해

인생은 '현재'가 모여서 이루어진다. 그러므로 현재를 부정하는 삶은 인생 전체를 부정하는 것이다.

"대학만 합격하면 그 이후는 정말 좋을 텐데."
(그전에도 소중하고 아름답다)
"미래가 불안하다. 직장만 얻으면 정말 좋을 텐데."
(대학 때도 정말 소중한 삶이다)
"결혼만 하면 정말 좋을 텐데."
(결혼 전에 꿈꾸는 삶도 너무 아름답다)

"2세가 있으면 더 좋을 텐데."

(2세가 생기기 전에 마음껏 데이트하는 시간도 좋다)

"애가 얼른 커서 밤에 잠만 안 깨워도 좋을 텐데."

(밤에 잠을 못 자고 기저귀 갈고 하던 시기는 가장 젊고 희망찬 시기다. 그리고 아기의 가장 사랑스러운 모습이 그때다)

"애를 안고 다니지 않고 손 잡고 걸어다니면 소원이 없겠다."

(지나고 나면 정말 그리운 시절이다)

"자녀가 학교에 입학하면 정말 떨리도록 좋을 것 같다."

(유치원 때도 너무나도 소중한 시기다)

"승진하면 좋을 텐데."

(승진 전이 바로 밑으로부터 상처를 덜 받는 시기, 실수해도 용서받는 시기다)

"돈을 얼마 벌면 좋을 텐데."

(돈을 버는 과정도 행복하다)

이렇듯 인생은 10대도 소중하고, 20대도 소중하고, 30대도 소중하고, 40대도 소중하고, 모두 소중하다.

절대로 잘못된 사고방식으로 인해 '현재'를 놓치지 마라. 현재를 잡아라. 아무리 고통일지라도, 그때만 누릴 수 있는 것들이 따로 있기 때문이다.

승민아, 아버지는 네가 현재를 희생하면서까지 돈을 아껴 쓰지는 않았으면 좋겠다. 돈은 그렇게 해서 모이는 게 아니다. 물론 그렇게 하려면 그쪽 분야의 실력이 있어야 한다. 이 부분에 대해서는 나중에 자세히 이야기하도록 하겠다.

- 돈을 모으고 부의 시스템을 만드는 방법은 여섯 번째 편지를 참고해라.

"현재를 즐겨라,
시간이 있을 때 장미 봉오리를 거둬라."
시인은 왜 이런 말을 했을까?
왜냐하면 우리는 모두 죽기 때문이지.
믿거나 말거나 여기 있는 우리 각자 모두는
언젠가는 숨이 멎고 차가워져서 죽게 되지.

영화 《Dead poets society(죽은 시인의 사회)》 중에서

느림의 아름다움을 알아채라

Don't run through life so fast that you forget not only where you've been, but also where you are going.
당신이 어디에 있는지, 어디를 향해 가고 있는지도 모를 정도로 바쁘게 살진 마라.

Life is not a race, but a journey to be savored each step of the way.
인생은 경주가 아니라 그 길의 한 걸음 한 걸음을 음미하는 여행이다.

- 2000년 코카콜라의 전 회장 더글라스 대프트의 신년사 중

"아름다운 여인의 미소가 눈가에서 입가까지 번지는 것을 음미할 여유조차 없다면……."

영시에 나오는 문구다.

인간은 원래 느리게 사는 게 적합한 것 같다. 하지만 산업혁명 이후 철도가 생기고 시간에 맞추는 삶이 시작되었다고 아버지는 생각한다. 아버지는 자신에게 적합한, 느리게 살 수 있는 삶의 환경을 노력해서 쟁취하였다.

최근 슬로푸드(Slow food), 슬로시티(Slow city) 등 느림의 미학을 알아챈 운동이 세계적으로 일어나고 있다.

유럽에서만 몇 년 사이에 1,000만 명 이상이 귀농을 하거나 부서 이동 등을 통해 느린 삶을 선택했고, 이들을 다운시프트(Downshift)족이라 부른다.

아버지 역시 이에 속하며, '조금 더, 조금 더'의 성공과 실패의 이분법보다는 삶을 조금 더 깊이 있게 통찰하고 음미하며 보내고, 가치와 의미를 중시하는 삶을 살려고 노력하고 있다.

욕망을 조절함으로 인해 생기는 '느림'! 그리고 이것이 주는 축복은 실로 놀랍다.

승민이도 느림의 아름다움에 대해서 알아채기를 바란다.

느림에 어울리는 단어는 이런 것들이다. 가족, 삶의 질, 웰빙, 여가, 건강 등.

당신이 어디에 있는지,
어디를 향해 가고 있는지도 모를 정도로
바쁘게 살진 마라.
인생은 경주가 아니라
그 길의 한 걸음 한 걸음을 음미하는 여행이다.

가정에서의 성공이
최고의 가치다

　대학교 1학년 때 《타임》지를 봤는데, 세계에서 가장 부자인 사람이 죽었다. 그런데 그를 실패한 인생으로 평가했다. 그 이유는 가정에서 실패했기 때문이란다. 많은 생각을 했다. 그때부터 내 인생의 목표는 '가정에서의 성공, 행복한 가정'이었던 것 같다.
　아버지는 본명은 감추고 필명으로 첫 번째 책을 출간했다. 책을 출간한 후 신문사 인터뷰와 동영상 촬영 요청이 들어왔지만 거절했다. TV 출연 요청도 거절했다.
　출판사에서는 저자가 공개적으로 나서서 책을 홍보해주길 원했을 것이다. 하지만 아버지를 아끼는 편집장님이 막아주셨다. 정말 감사드린다. 아버지가 TV에 출연하였다면 더 많은 책이 팔렸을 것이며 더 큰 명예를 얻었을 것이다.

아버지가 유명해지지 않기로 결정한 것은 두 가지 이유 때문이다.
첫 번째는 가정의 행복에 전혀 도움이 되지 않고, 악영향을 끼칠 위험이 너무 많이 보였기 때문이다.

유명해진다는 것은 좋은 사람에게만 노출되는 것이 아니라 비정상인들을 포함하여 모두에게 노출이 되는 것이고, 그 과정에서 프라이버시 등 자유의 측면에서 포기할 것이 많아지는 것이다. 아버지는 이 짐을 가족들이 함께 짊어져야 한다는 것이 싫었다.

두 번째는 대중의 인기나 명예는 정말 부질없고 가변적인 것으로 보였기 때문이다.

특히 대중의 관심은 소금물을 마시는 것과 같다는 것을 알았다. 아버지가 다음의 재테크카페 '텐인텐'에 글을 올린 후 댓글에 집착하는 모습을 보며 문득 깨달은 것이다. 그 당시 아버지에게 대중의 열광은 독이 든 성배와 같았다. 대중의 환호는 마약처럼 느껴졌다.
나의 글 하나에 달린 수백 개의 댓글들, 감사와 감동의 소통들. 감동과 벅차오르는 느낌은 말로 형용할 수 없었다. 하지만 지속성이 없었고, 오히려 몇 개 안 되는 악플이 주는 상처는 치명적이었으며 끊임없이 아버지를 괴롭혔다.

그리고 인기라는 것은 올라가서 행복을 느끼는 만큼 반드시 추락을 경험할 것이므로, 매우 가변적이고 부질없는 것에 아버지를 맡기는 것이 평안 속의 삶과 멀어 보였다.

승민아, 아버지는 '텐인텐' 활동과 책 출간을 경험하면서, 내 아들의 꿈이 연예인이 아닌 것을 다행으로 생각했다.

나와 맞지 않는 인연까지 감수해가며 위만 향하는 삶을 바라지 않는다. 그것보다 내 옆을 보고, 가족을 보고, 자유를 중시하면서 가장 사랑하는 사람에게 품은 마음을 조금씩 확장해가며 지인들과 돈독하게 관계를 맺는 게 더 소중하다.

스스로 만들어낸 환상으로 왜곡되어 보이는 나보다는, 내 모습 그대로 알고 있는 소수의 지인들이 더욱 소중하다.

사람은 모두 부족한 존재다. 털어서 먼지 안 나는 사람이 없고, 아버지도 그런 사람이다. 그러므로 아버지를 잘 모르는 대중의 찬사는 허상일 뿐이다.

가정에서 행복을 찾고, 그 행복을 조금씩 타인에게 진실되게 확장시켜가고 있는 지금의 삶이 행복하다.

세 번째 편지

돈, 중요하다고 선언해라.
괜찮다!
—
내 삶이 돈을 지배하게 해라
—
절약보다 더 중요한 것은
사고의 부지런함
—

'내 뜻'대로
살기 위해
필요한 것들

돈, 중요하다고 선언해라.
괜찮다!

아버지는 어려서부터 품어온 장래희망의 꿈을 시험 합격을 통해 이루었고, 그때까지 숨 가쁘게 달려왔다.

하지만 꿈을 이룬 후의 현실에 많은 생각을 하게 되었다.

중요한 것은 꿈을 이루는 것이나, 꿈을 이룬 후의 삶이 아니라 현재다. 인생은 '지금'이 모여 이루어진다는 것을 머리와 함께 마음으로도 절실하게 느끼게 되었고, 내 뜻대로 살기 위해서는 마음껏 쓸 수 있는 시간이 필요하다는 점, 그리고 이 시간을 위해서는 돈이 필요하다는 점을 깨닫게 되었다.

역사를 볼 때 천재들이 하고 싶은 일을 해서 능력을 발휘할 때 뒤에 경제적 후원자가 있었듯이, 아버지는 학교나 가정에서 배운 것보다 돈이 인생에 주는 영향이 크다는 점을 느끼게 되었다.

다들 돈은 천한 것이니 멀리하라고 하는데, 돈은 때로는 효도로 환산되기도 하고, 우정으로 환산되기도 하고, 인간애로 표현되기도 하고, 사랑으로 표현되기도 한다는 것을 깨닫게 되었다.

승민아, 겉으로 돈을 천시하면서 본능적으로 돈을 추구하는 위선자가 되지 말고, 돈은 중요하다고 선언해라. 괜찮다.

영국에서는 열한 살부터 재테크 교육과정이 들어가고, 유태인들은 돈에 대해 엄청나게 교육시킨 후 성인식 때 친척들이 큰돈을 모아서 준단다.

돈을 경시하는 척하는 사람들이 아버지보다 술값을 더 내는 것을 보지를 못했다. 돈에 대해서 직시하고, 그리고 직시하는 사람들과 정보를 교환해라.

《돈의 힘》이라는 KBS 다큐멘터리에서 나온 이야기다.

"돈을 뭐라고 부르든 간에, 돈에 울고 돈에 웃는 것이 우리네 인생입니다. 미국에 국한된 서브프라임모기지론의 문제가 월가의 거대한 회사들을 부도로 몰아가고, 대서양 은행들을 국유화시켰으며, 전 세계 경제를 초토화시켰습니다.

돈은 오래전부터 우리의 삶에 깊숙이 개입하였고, 은행의 지원으로 르네상스 운동이 시작되기도 했으며, 채권시장의 움직임에 따라 전쟁의 승패가 갈리기도 했습니다. 주식시장을 기반으로 대영제국이 일어섰고, 화폐가치의 붕괴가 프랑스혁명을 초래했습니다. 고대부터 지금까지 돈의 번영은 곧 인간의 번영을 말해주었습니다."

이렇듯 인간의 역사는 돈의 역사라 불러도 무방하다. 하지만 이 사회는 그룹문화와 체면의 문화라 돈의 영향력을 겉으로 인정하고 있지는 않다. 돈이 중요하다고 말하는 사람하고만 정보를 교환해라. 아니면 비난을 받을 것이다. 그게 체면을 중시하는 우리 사회에선 당연하다. 하지만 사람들은 네가 실력이 있다고 생각하고, 소중하고 긴밀할수록 더 솔직하게 이 부분에 대해 대화할 것이다. 그래서 돈과 자본주의 사회의 구조를 비판만 하지 말고 깊게 통찰해라. 그러면 착취당하는 입장에서 벗어날 수 있을 것이다.●

● 돈과 자본주의 사회에 대한 아버지의 생각은 여섯 번째 편지를 참고하길 바란다.

내 삶이
돈을 지배하게 해라

돈은 어느 정도 갖고 있으면 전혀 영향을 안 받지만, 없으면 백퍼센트 영향을 받는다는 점을 알아야 한다.

돈을 추구하지 않아도 되는 유일한 경우는 '일 = 가치 = 의미 = 건강 = 열정 = 나와 가족의 행복'일 때다. 이것이 일치하지 않을 때는 돈을 인정해야 한다.

아버지는 돈을 인정해야만 했다. 왜냐하면 월급을 1원도 주지 않아도 계속 이 직장에 남아 있을 것인가 하는 질문을 내게 했을 때, 그 대답이 시간이 흐를수록 "No"로 변해갔기 때문이다.

하지만 아버지는 앞에서 말한 대로 돈이 시간으로 환산되거나, 우정, 효도, 사랑으로 바뀌는 등 가치와 의미로 바뀌지 않으면

종이에 불과하다는 것도 알게 되었다. 그것은 아버지가 경제적 자유를 이룬 후에 깨닫게 된 사실이다.

그리고 인간의 욕망은 무한하고, 채워진 욕구는 더 이상 의미 없어지는 경향이 있으므로, 돈을 추구하기에 앞서 반드시 상한선을 정해놓지 않으면 죽기 직전까지 돈의 노예가 될 수밖에 없다.●

이것은 아버지 주변의 수많은 부자들을 보며 느끼게 된 사실이다.

많은 사람들이 10억원을 벌면, 20억원을 벌면 돈 벌기를 그만 하겠다고 하지만, 막상 목표액을 달성한 후 돈을 추구하는 것을 멈춘 사람은 단 한 명도 보지 못했다. 돈은 많지만 돈을 제대로 누리지 못하고 여전히 돈, 돈 하며 살아간다.

돈의 상한선을 정해놓아야 한다. 그렇지 않으면 돈의 주인이 되지 못해서 질질 끌려다니는 삶을 살게 될 것이다.

아버지는 시간을 위해 돈이 필요하다고 생각하였고, 세상을 관찰하기 시작하였다.

다른 많은 분야도 그렇겠지만, 한 분야에서 많은 사람이 부를 이루어왔고, 이루고 있고, 이루어갈 것이라는 점을 발견하고, 그쪽을 공부하여 경제적 자유를 얻게 되었다.

● 돈을 추구할 때 왜 상한선을 정해야 하는지 자세한 내용은 164쪽을 참고하길 바란다.

아버지가 경제적 자유를 얻는 방식을 선택할 때 가장 중시한 점은 현재를 희생하지 않아야 한다는 점이었다. 그래서 직장이나 가정에 충실하면서 부업으로, 그리고 나름대로 마음껏 소비를 하면서 소득을 창출할 수 있었다. 근검절약이 최고의 미덕이라고 배웠지만, 아버지 인생에서는 받아들이기 힘들었다.

아버지가 쓴 방법을 간단히 이야기해보겠다.

도시가 성장하는 과정에서 최초로 땅을 분양받은 사람이 더 높은 가격에 팔고, 그것을 구입한 사람이 또 더 높은 가격에 팔고, 그것을 사서 건축한 사람이 높은 가격에 팔고, 그것을 구입한 사람이 더 높은 가격에 팔고, 그것을 구입한 사람이 전세 보증금이 상승하여 수익률이 상승하고 또 매매가가 높아지는 과정을 보게 되었다.

이 과정에서 최종소비자가 되지 않고 되도록 초기 과정에 들어가는 방법으로 많은 사람들이 부를 형성해가는 것을 발견하였다. 그리고 분양받거나 임대를 받는 사람의 돈이, 분양을 하거나 임대를 하는 사람에게로 흘러가는 구조를 파악하게 되었다.

언뜻 생각하기에는 자본이 많아야만 분양하거나 임대하는 사람이 될 수 있을 것 같지만, 실제로는 그렇지 않다는 것도 알게 되었다.

승민이가 성인이 되었을 때는 시대상황이 어떨지 모르지만, 진입

장벽이 높은 분야에서 실력을 갖추면 부는 따라온다는 점을 알았으면 좋겠다.

진입장벽이 낮은 분야는 실력을 갖추기도 힘들고, 갖추더라도 경쟁이 치열해서 부를 이루기 매우 어렵다.

인간의 욕망은 무한하고,
채워진 욕구는
더 이상 의미 없어지는 경향이 있으므로,
돈을 추구하기에 앞서
반드시 상한선을 정해놓지 않으면
죽기 직전까지 돈의 노예가 될 수밖에 없다.

절약보다 더 중요한 것은
사고의 부지런함

절약보다 더 중요한 것이 사고의 부지런함이다.

근검절약은 최고의 미덕이다. 하지만 절약과 저축만으로 부를 형성하면서 **사고가 경직되고 게으르다면 참 문제가 있는 사람이다.**

물론 월급이 많다면 그럭저럭 살아갈지도 모르나, 노후에 반드시 문제가 생긴다.

월급이 많은 직장은 대부분 정년이 짧고, 정년을 채운다 하더라도 평균수명 신장으로 인해서 웬만한 부가 아니면 길고 긴 노후를 버티기 쉽지 않다.

차라리 절약의 습관이 형편없으면서 사고가 유연하고 부지런한 사람의 미래가 더 밝다.

　미국 명문대생들을 조사한 내용을 소개하면, 명문대생 중에 집안이 가난한 가정에서 자란 대학생들은 어떻게 하면 돈을 안 쓸 것인가에 집중하고, 부유한 가정에서 자란 학생들은 어떻게 하면 돈을 창출할 것인가에 집중하였으며, 시간이 흘러 추적조사 했더니 후자가 더 윤택한 삶을 누렸다고 한다.

　현재를 희생하는 삶은 미래를 위해 어느 정도 필요하지만, 사실 인생은 현재가 모여서 이루어지는 것이기 때문에 결코 바람직한 삶의 방식은 아니라는 데에 모두가 동의하면서도 그렇게 사는 것을 미덕으로 믿고 싶어한다.

　돈은 모으는 것도 중요하지만 잘 쓰는 것도 중요하다.

　아버지는 총각 때 중고차를 100만원 주고 구입하여 지금의 승민이 어머니와 전국을 주말마다 다녔고 저축을 못했다. 아버지가 돈의 소중함을 몰라서 그런 것이 아니다. 어머니의 반대도 심했지만, 천년만년 살 것도 아니고 젊음은 유한하므로 자신의 본성, 내면의 소리에 귀를 기울이고 감수성에 예민한 날을 세워 풍요로운 감정으로 이 순간을 누리자고, 평생 한 사람이면 혼전순결을 어겨도 순결이라고 설득하고, 결혼 후에도 승민이를 가지는 시기를 1년 유예시키고 누렸다.

　할머님 용돈도 아끼지 않았으며, 특히 자녀교육에는 매우 후했다. 프뢰벨 세트 구입 1,000만원을 놓고 1초도 고민하지 않았으며,

영어유치원 다닐 때 개인 선생님을 일곱 명 붙였다. 피타고라스 수학, 가베, 오르다, 수, 한글, 체육, 피아노, 바이올린 등. 집에 와서도 레슬링, 팽이치기, 딱지, 숨바꼭질 등 시간을 많이 투자하여 놀아줬고, 현재도 경제적, 시간적 투자를 하고 있다.

하지만 승민이가 보다시피 아버지는 옷이나 차 등, 타인의 이목의 속박으로부터 유발되는 소비는 절대 하지 않는다. 절약적이지는 않지만 전략적인 소비라고 할 수 있다. 또 외식비용은 아끼지 않는다.

현재를 미래의 담보로 잡는 생활을 하지 않아도 되게 해준 것은 내 사고가 게으르지 않았기 때문에 가능하다고 생각한다. 30대 초반에는 경제 서적을 필기하며 읽었고, 책이 진부해지는 순간부터는 많은 사람들을 찾아다니며 인터뷰하여 내공을 쌓았다.

그냥 열심히 말고, 그냥 앞으로만 가지 말고, 자주 멈춰서서 내가 가고 있는 방향과 위치, 그리고 주위를 살펴보고 '생각의 열심히'를 노력했으면 좋겠다.

자본주의 사회의 구조를 잘 파악해보렴. 이 부분에 대해서는 다음 편지에서 자세히 다룰게.

천년만년 살 것도 아니고 젊음은 유한하므로
자신의 본성, 내면의 소리에 귀를 기울이고
감수성에 예민한 날을 세워
풍요로운 감정으로
이 순간을 누리자.

네 번째
편지

인간애는 선택이 아닌 필수!
—
인간 본성에 대한 깊은 이해 – 정상인의 범주 넓히기
—
인연을 확장할 때는 조심스럽게
—
최고의 사랑을 만나려면
—
최고의 사랑을 만나는 최고의 방법, 그리고 시기
—
사랑하는 사람과 소울메이트가 되는 법
—
가족끼리 상처받지 않으려면?
—
고부갈등 극복하는 법
—

후회 없는
인간관계 맺기

인간애는
선택이 아닌 필수!

　자살은 절대로 안된다. 선택하기 쉬운 명제. 이 땅에서 얻는 고통조차 덤이고 선물이기 때문이다.
　혼자 사는 것보다는 더불어 사는 것이 가치나 의미의 측면에서도, 행복의 측면에서도, 여러 면에서 더 나은 삶이다.
　이러기 위해서는 인간애를 유지해야 한다.

인간애를 유지하는 것은 선택이 아니라 필수다.

　이것은 생을 살아가면서 반드시 해야 할 절대절명의 명제다. 이것이 깨지는 순간 공황장애에 걸릴지도 모르며, 인생은 아름다워 보이지 않을 것이다.

인생에서 아름다운 면을 많이 볼수록 더 행복할 수 있다.

인간애를 유지하기 위해서는 인간 본성에 대한 깊은 이해가 필요하다.

인간 본성을 잘 몰라서 가지게 되는, 또는 운이 좋아서 매우 좋은 사람만 만나게 되어 가지게 되는 인간애는 탄탄하지 못하다. 언제 깨질지 모른다.

인간 본성에 대한 이해를 하는 작업은 정상인의 범주를 넓혀서 파악하는 일이기도 하다. 인간 본성에 대한 기대치를 낮추는 작업이기도 하다.

'정상인과 비정상인을 구분할 때 정상인의 범주를 넓혀서 파악할 것!'

우리는 인간관계에서 문제가 생기고 마음의 평안이 깨질 때, 그 원인을 내 안에서만 찾는 사람도 있고, 밖에서만 찾는 사람도 있다.

상대가 비정상인인데 모두 내 탓으로 돌리는 습관을 가진 사람들은 정신질환에 걸릴 확률이 높고, 밖에서만 찾는 사람은 의사소통이 잘 안 되고 모든 사람들이 가장 꺼리는, 인생에서 가장 불행한 실패자가 될 확률이 높다.

내가 정말 아끼는 가까운 한 사람은 한 여자를 만나 많은 충격과 상처를 입었는데, 원인을 자신의 탓으로만 여기다가 세상과 스스로 격리시키게 되었다. 나는 그 과정을 지켜봤고, 많은 치료방법을 시도하였지만 헤어나지 못하고 있어서 매우 안타깝게 생각하고 있다. 정말 착한 사람이고 내가 사랑하고 존경하는 사람인데 말이다.

그 여자가 '꽃뱀'으로 판명나고 많은 동일한 피해자가 있다는 것을 알면서도, 너무 착하고 순수해서 안으로만 채찍질하기를 2년을 하다가 결국 그렇게 되었다.

모두 남 탓을 하는 사람은 무엇보다도 자신이 가장 불행하다. 세상이 얼마나 찌그러져 보이겠는가. 누구나 이해할 수 있는 범위의 작은 문제라도, 그 사람을 고통으로 이끈다.

이런 사람에게 세상은 아름답지 못한 곳이며, 죽지 못해 사는 곳이다. 인간애를 유지하기 힘들며, 반사회적 성향이 매우 강해진다.

이런 사람에게는 동정심을 가져야 한다. 인터넷 공간에서 쉽게 나타나는데, 그때 분노보다는 불행한 그런 부류의 사람에게 동정심을 가짐으로써 마음의 평안을 유지할 수 있다. 승민이는 동정심을 받아야 하는 사람, 이해받아야만 하는 사람이 되지 않기를 바란다.

정리하면, 비정상인과 생긴 문제는 그 원인을 자기 밖에서 찾아야 하고, 정상인과 생긴 문제는 내 안에서와 밖에서 찾기를 같이 해야 한다.

문제가 생겼을 때 그 원인을 정확히 깨닫지 못하면 무의식의 세계가 승민이를 괴롭힐 것이다.

개는 화살을 보고 짖지만, 사자는 활을 쏘는 사람을 노린다.

삶에서 일어나는 문제들을 잘 파악하지 못하면 마음의 평안을 유지할 수 없다. 화살이 문제인 줄 알고 화살에게 화풀이해봐야 계속 반복되는 평정의 깨짐 속에 살게 될 것이다.

하지만 쉬운 문제는 아니다. 정상인과 비정상인의 범주를 정하는 것은 매우 모호하고 힘든 일이다.

정상인끼리도 서로에게 비정상인이 될 수 있다. 비정상인도 승민이에게 매우 좋은 사람이 될 수도 있다.

다만, 정상인의 범주를 넓히는 작업이 필요하다는 점은 확실하다. 인간애 유지를 위해서다.

아버지가 쓰는 방법 하나를 소개하겠다. 인터넷에 보면, '내게 쓴 편지함'이라는 것이 있다. 아버지는 이 기능을 활용하고 있다.

사람에게 감정과 주관이 들어가면, 화살에게 화를 내는 것 같은 오판을 하게 된다. 감정을 내려놓고 나를 객관적으로 관조하기를 해야 한다.

이것이 쉽지 않은데, 인터넷 '내게 쓴 편지함'에 쓰다 보면 이러한 관조가 조금 용이해진다. 더 논리적이게 되고, 나를 한 발짝 떨어져서 바라보게 되고, 쓴 다음 저장하게 되면 무의식이 나를 괴롭히는 현상이 멈추게 된다. 결론을 냈고, 다시 보관함을 열어 나를 엿볼 수 있다는 안도감으로 인해, 무의식이 꼬리를 물고 괴롭히는 현상이 멈추게 된다.

승민이도 평정이 깨져서 잠을 뒤척이지 말고, 벌떡 일어나 '내게 쓴 편지함'에 편지 한 통 쓰는 것을 시도해보렴.

인간 본성에 대한 이해를 하는 작업은
정상인의 범주를 넓혀서 파악하는 일이기도 하다.
인간 본성에 대한 기대치를 낮추는 작업이기도 하다.

인간 본성에 대한 깊은 이해
– 정상인의 범주 넓히기

경기도 교육청 영재교육 프로그램에서 천재적 롤모델로 테레사 수녀, 슈바이처 박사, 나이팅게일 여사 등을 사례로 들고 있다. 이런 분들은 의사소통 능력이나 감정이입 능력 등 인간에 대한 인지 능력은 물론, 감정적으로 느끼는 부분이 천재적으로 발달되어 있다. 이런 사람들과 대척점에 서 있는 게 바로 사이코패스다. 그들은 상대방의 감정을 잘 못 느낄 뿐 아니라, 인간관계를 풀어내는 데 있어서도 가장 둔재다.

이러한 천재들로 인해 인간애의 유지에 대한 희망을 가지고 인생을 더 아름답게 바라볼 수 있다.

그렇다고 이런 천재들을 보통 인간이 도달해야 할 기준점으로 삼으면 안 된다. 그들은 그야말로 천재일 뿐이고, 천재는 쉽게 접할 수 없다. 우리가 천재를 만날 때만 행복을 느끼고 평범한 사람을 만날 때는 불행을 느낀다면, 인생은 대부분 불행한 시간들로 가득 채워질 것이다.

승민아, 우리 인생은 평범한 사람들, 부족한 사람들과 살아가는 시간이 대부분이다. 따라서 **인생에서 '불합리'와 '불완벽'을 용인할 수 있는 내성을 기르는 것이 매우 중요하다.**

인생은 그 자체로 불합리하고 불완벽하다. 이 사실을 원망해봐야 아무것도 달라지지 않는다. 인생의 매순간마다 고통스럽다면 그것은 그렇게 느끼는 사람의 문제다.

프랑스 철학자 몽테뉴는 "인간은 일어나는 일로 상처를 입는 것보다, 일어나는 일에 대한 가치관 때문에 더 상처를 받는다"고 말했다.

여기서 일어나는 일에 대한 바람직한 가치관은 많은 것들이 있지만, 정상인의 범주를 넓히는 일, 불합리에 대한 내성 부분에 대해 더 자세히 이야기하고 싶다.

인생의 행복은 문제의 '발생 여부'나 '크고 작음'에 있지 않고 그것을 다루는 '방식'에 달려 있다.

행복과 불행이 문제의 다소나 유무에 달려 있다면, 인생은 운이란 말인가?

예를 들어 배신, 상처…… 이들도 인생의 한 부분이다. 이것이 일어나면, 인생이라는 학교가 마음공부 좀 하게 기회를 준 것일 뿐이다.

이들이 일어나지 않으면 행복하고, 이들이 일어나면 내 마음이 망쳐지고, 인간애를 유지 못하게 되고, 세상을 보는 시각이 아름답게 유지되지 못한다면? 풍전등화처럼 내 인생이 어떤 사건의 유무에 따라 처단되어진다면?

그러기에는 승민이의 인생이 너무나도 소중하고 아깝다.

"우리의 인생은 우리의 사고에 의해 만들어진다."

이 말은 로마 황제이자 철학자 마르쿠스 아우렐리우스가 일기에 남긴 말이다. 그는 또한 다음과 같은 말도 했다.

"나는 오늘 지나치게 말이 많은 사람, 이기적이고 자기중심적이며 은혜를 모르는 사람을 만나려 하고 있다. 그러나 나는 별로 놀랍지도 불안하지도 않다. 왜냐하면 이런 사람이 없는 세상은 상상할 수

● 마르쿠스 아우렐리우스(Marcus Aurelius) : 로마제국 16대 황제이자 로마 최고 전성시대를 이끈 5현제 중 한 사람. 스토아 철학자이기도 하다. 황제가 되어서도 스승과 가족, 친지를 애정 어린 태도로 대했다. 《명상록》을 남겼으며, 이 책은 삶에 대한 혜안과 인생에 대한 겸손한 자세를 담아 지금껏 고전으로 남아 있다.

없으니까."

우리는 마르쿠스 아우렐리우스의 일기에서처럼 '불합리', '불완벽'을 인생의 일부로 받아들여야 한다. 그리고 정상인의 범주를 더 넓게 잡아야 한다. 그렇게 살다 보면 승민이의 인생은 좀더 의연해질 것이다.

승민아, 먼저 자신부터 철저히 들여다보길 바란다. 결론부터 얘기하면, 너 역시 욕망과 이기심을 쫓아다니는 존재다. 아버지도 마찬가지다. 신이 아니라면 모든 인간이 다 마찬가지일 것이다.

간혹 사람들은 신앙을 가진 사람의 이기심을 보고 그가 가진 종교 자체를 공격하곤 한다. 하지만 그것은 인간 본성에 대해 몰라서 하는 공격이다.

인간은 모두 이기적이다. 안 그러려고 노력하는 것이 아름다울 뿐이다.

여기 두 가지 유형의 사람이 있다. 한 사람은 무이자로 돈을 빌려주고는 재촉 한 번 하지 않는 고마운 사람이다. 다른 한 사람은 고이자로 돈을 빌려주고는 돈 빌린 사람을 아예 쓰레기 취급 하며 무자비하게 독촉까지 하는 사람이다.

여기서 우리는 어떤 사람의 돈을 먼저 갚게 될까? 대부분 후자의 사람에게 돈을 먼저 갚는다.

승민아, 네가 만약 무이자로 돈을 빌려줬는데, 돈을 빌린 사람이 네 돈부터 갚지 않고 빚쟁이처럼 독촉하는 다른 사람의 돈을 먼저 갚는다면 너는 상처를 받을까? 안 받을까?

아니면, 네가 돈을 빌린 사람이라 치자. 네가 돈이 쪼들리는 상황에 처해 있을 때 고마운 사람의 돈을 먼저 갚을까? 괴롭히는 사람의 돈을 먼저 갚을까?

만약 네가 고마운 사람의 돈부터 먼저 갚았다면, 만약 그랬다면 승민아, 너는 정말 자랑스러운 내 아들이다.

하지만 네가 그런 선택을 했다는 것은 승민이가 인간관계적 측면에서 봤을 때 천재이기 때문이다. 너와 다른 선택을 한 사람들은 보통의 사람들이다. 그런 사람들을 비난하거나 그것 때문에 고통받아서는 안 된다. 보통의 사람들을 정상의 범주에 넣고 이해해야 한다. 왜냐하면 인간의 본성은 원래 이기적이게끔 만들어졌기 때문이다.

군대를 다녀온 사람들이라면 많이 겪었을 일이 있다. 아버지는 후임병에게 따뜻하게 잘 대해줬다. 반면 아버지 군대 동기는 후임병을 때리고 기합 주고 괴롭혔다. 후임병들은 누구에게 더 잘했을까? 결론적으로 말하면, 그들은 아버지보다 아버지 동기에게 더 잘했다.

그렇다면 후임병들은 비정상의 범주에 들어가는 사람들인가? 아니다. 그들은 인간관계적 측면에서 천재가 아니고 그저 평범한 인간 본성을 가진 사람들일 뿐이다. 그러니 승민아, 그런 사람들을 만나거든 너무 상처받지 말고 고통스러워하지도 마라.

한 가지 사례를 더 얘기해볼까? 아버지 직장에서 인격적으로 존경받는 선배가 있었다. 정말 모두가 잘 따랐다. 어느 날 그 선배가 아버지와 술 한잔 하고 싶다고 불러내서는, 사람들에게 받은 서운함과 상처를 털어놓았다. 요즘 들어 사람들이 자신을 술자리에도 안 부르고 따돌린다는 것이다. 이런 일은 그 선배가 승진 포기 선언을 한 다음날부터 일어났다고 한다. 자신에게 매우 잘 대해주던 후배가 승진 포기 선언을 한 이후부터 자신을 업무적으로 무시하고 비아냥댔다는 것이다.

선배는 무척 힘들어했다. 누구나 이런 경험을 하게 되면 매우 고통스러울 것이다. 하지만 어쩌겠니? 이런 모습이 바로 인간 본성에서 나오는 것이고, 우리 주변에는 인간 본성을 훌륭하게 승화시킨 사람보다 그렇지 못한 사람이 더 많으니 말이다.

인간은 이렇듯 기본적으로 자신의 욕망을 쫓는다.

아버지 역시 수많은 사람들에게 이용을 당했다. 승민이도 앞으로 그럴 것이다. 하지만 승민아. 네가 아침에 눈을 떠서 밤에 잠자리에 들 때까지 모든 삶의 활동에서 타인의 혜택을 입으며 살아간다는 것을 잊지 말기 바란다. 이용을 당하거든 그냥 '쌤쌤'이라 생각하고 넘어가라.

평생 자라온 환경이 비정상적이어서 마음의 병을 가지고 있는 사람들이 의외로 많다. 어쩌면 마음이 건강한 사람들보다 훨씬 더 많을지 모른다.

'불합리'와 '불완벽' 속에서 우리는 부족한 사람들과 살아가야 한다. 그렇지 않은 세상은 사실 상상할 수 없다. 하지만 천재들을 떠올리며 희망을 갖도록 하자.

그리고 승민이도 그런 훌륭한 사람처럼 되려고 노력하길 바란다. 우리 안의 불합리, 불완벽을 인정해야 한다. 인정하고 평정을 유지해야 한다.

인간은 모두 이기적이다.
안 그러려고 노력하는 것이 아름다울 뿐이다.
······

우리 인생은 평범한 사람들,
부족한 사람들과 살아가는 시간이 대부분이다.
따라서 인생에서 '불합리'와 '불완벽'을 용인할 수 있는
내성을 기르는 것이 매우 중요하다.

인연을 확장할 때는
조심스럽게

정상인의 범주를 넓히고 인간애는 유지하되, 다만 인연은 가려서 맺기를 바란다. 사람들에게 친절하고 겸손하고 사랑으로 대하되, 모든 사람들에게 모든 마음을 다 주고 깊은 친밀감을 유지하며 사는 것은 위험하니 조심하길 바란다.

모든 인연에는 감당해야 할 과보가 따른다.

아버지의 경험을 예로 들면, 정신적으로 장애가 있어서 취업하기 어려운 직원을 면접 보고 아버지가 써주었다. 그리고 아버지는 마음을 깊게 주고 친하게 지냈고, 월급 등 많은 것을 보장해주었다.

사랑한다며 자리잡고 결혼도 하고 행복하게 일어서자는 이야기를 하는 도중 가위로 얼굴을 찔릴 뻔하였다. 그 직원의 정신질환의 종류에 대해서 아버지는 전혀 정보가 없었다. 약을 복용하지 않았을 때 일어나는 현상이라는 것을 나중에 알게 되었다.

승민아, 아버지가 경험한 사건을 확대해석하거나 미리 걱정하면서 살 필요는 없다. 앞으로 너는 비슷한 수준과 부류의 집단에 소속되어 살아갈 가능성이 크기 때문이다. 다만 세상에는 정말 많은 부류의 사람이 있다는 점을 상징하는 의미로 받아들이면 된다.

이런 일이 일어났을 때 '내가 무엇을 잘못했을까?' 하며 내 안에서 원인을 찾는 것은 깨어 있는 사고가 아니다.

만일 그 직원이 정말로 아버지를 가위로 찔렀어도 무죄 판결이 나왔을 것이다. 비정상적인 것을 판사도 인정할 것이기 때문이다.

승민이는 이 사건을 다른 비정상적인 관계에 확장해 적용하기를 바란다. 비정상적인 사람과의 관계에서 늘 상처받고 자기 안에서 원인을 찾는다면 힘든 삶을 살 것이라는 점을 알고 예방했으면 좋겠다.

인연은 가장 사랑하는 사람에게 하는 식으로 조심스럽게 하나씩 확장하는 형태여야 한다. 이런 형태라면 많아져도 괜찮다.

한 가지 팁을 말해주고 싶다.

사람은 잘 바뀌지 않는다는 점을 명심해라.

장발장이 은촛대를 훔쳤을 때, 미리엘 신부는 그를 용서했다. 그리고 장발장은 새로운 사람이 되었다. 아버지는 이 대목을 읽고 인간에 대해 엄청난 희망을 갖게 되었다.

그래서 직원들 교육을 최우선으로 생각했다. 핵심 임원들에게는 정직하고 성실하게 노력한다면 노후대비로 건물을 지어주마 약속도 했다.

하지만 아버지는 사람들에 대해 많은 실망을 하게 되었다.

정직하지 못한 사람은 그 어떤 것을 보장해줘도 끝까지 비리를 저질렀다. 그리고 그들은 결국 해고를 당했다. 성실하지 못한 사람은 어떤 교육도, 심지어 빌딩을 지어주기로 계약서를 써서 감동시켜도 그 불성실함을 바꾸지 못했다.

처음 만날 때 수십 년에 걸쳐 만들어진 사고와 인성이 끝까지 유지되었다.

참고해라. 아버지라면, 바꾸기보다는 헤어지고 다른 사람을 만나는 것을 택하겠다.

정말, 성인은 절대 안 바뀌더라. 아버지는 수십 번 깨지고 나서 사람을 바꾼다는 희망을 버렸다.

여기까지가 아버지의 현재 생각이다. 만약 5년 후, 10년 후 좀더 경험이 쌓여 인간에 대한 이해가 깊어지고 더욱 따뜻한 마음을 가지게 된다면, 인간이 바뀔 수 있다는 희망을 새롭게 가질 수도 있을지 모르겠다.

최고의 사랑을
만나려면

정말 좋은 짝을 만나 사랑하고 가정을 이루는 일은 인생에서 가장 중요한 부분 중 하나다. 하지만 어떻게 해야 하는지 학교에서도 가정에서도 사회에서도 가르쳐주지 않는다.

가정에서의 성공은 승민이에게 가장 중요한 과업이고, 이는 사랑에 대한 올바른 가치관에서부터 시작된다.

성(性)은 아름다운 것이다.

성은 아름답고 자연스러운 것이다. 인간이 건강하다면 성욕을 가지도록 만들어졌다. 성욕이 없었다면 인류는 벌써 사라졌을 것이다.

"생각만 해도 간음(姦淫)"이라는 《성경》 속 문구 때문에 아버지는 청소년기 때 본능적으로 생기는 성욕조차 아버지만 가지는 죄로 느꼈다. 아예 생기는 것을 차단하려고 노력하고 힘든 시기를 보냈는데, 불가능한 것이었다.

승민아, 충고하건대 성욕이 일어나는 것은 자연스러운 것이니 죄의식은 절대 느끼지 마라. 여자도 남자도 건강한 사람이라면 성욕은 일어난다. 《성경》에서 생각만 해도 죄라면? 너도 모르게 품어서는 안 되는 대상에게서 그런 생각이 일어난다면? 《성경》 말씀대로 그냥 회개해버리면 된다.

이것이 더러운 것이라면, 인류 모두가 더러운 것이다. 아버지도 그렇게 태어났고 승민이도 그렇게 태어났다.

다만, 동물과 달리 인간은 진화하여 일부일처제를 확립하였다. 일부다처제, 다부일처제, 다부다처제는 불행하였기에, 일부다처제가 오랜 역사 속에서 진화하여 증명된 가장 합리적이고 바람직한 제도라는 점을 알고, 성욕의 노예가 되지 않도록 깨어 있는 자세가 필요하다.

모든 욕망은 다 마찬가지다. 욕망을 채우는 건 어차피 불가능하다. 성욕만 그런 게 아니다. 이미 채워진 욕망은 의미가 없어지고, 끝없이 채워도 절대 채울 수가 없다.

마약은 강한 희열을 느끼지만, 더한 강도를 요하다가, 중독되어 아무것도 할 수 없이 비참하게 인생을 마감하게 한다.

승민이나 아버지나 수많은 사람들이 마약을 경험하지 않고도 그 속성을 알 수 있듯, 모든 욕망의 속성에 대해 그렇게 알 수 있어야 한다.

채울 수 없는 여러 가지 욕망에 중독되어 소중한 것을 낭비하다가 결국 무너져가는 사람들을 주위에서 많이 본다. 특히 성욕이 그렇다. 이것을 추구하다가 인생을 망치는 사람을 많이 봤다.
욕망이나 쾌락을 볼 때, 예전 천재 철학자들이 그랬듯이 두 가지 측면을 함께 살펴봐야 한다.

첫 번째, 지속적일 수 있는 것인가?
두 번째, 질적인 것인가?

너의 욕망이 이 두 가지 조건에 합당하지 않다면 절대 추구해서는 안 된다. 자칫 잘못하다 너는 욕망의 노예가 될 것이고, 오히려 덜 쾌락적일 것이다. 진정한 쾌락을 누리고 싶다면 위 두 가지 조건에 합당한 쾌락을 찾아라.
아버지는 알퐁스 도데의 소설 《별》에서 나오는 프로방스 목동이 진정한 쾌락을 아는 사람이라고 생각한다.

내가 별의 결혼이 어떤 것인가 설명해주려 했을 때
나는 무엇인가 상쾌하고 부드러운 것이
내 어깨에 기대는 것을 느꼈습니다.
……
나는 가슴을 약간 두근거리면서,
나에게 여러 가지 아름다운 추억을 안겨준
이 청명한 밤의 신성한 보호를 받으며
아가씨의 잠든 얼굴을 들여다보고 있었습니다.
그리고 가끔 나는 별들 가운데서
가장 아름답고 빛나는 하나의 별이 길을 잃고
나의 어깨에 기대어 잠들어 있는 것이라고 생각하고 있었습니다.

알퐁스 도데 《별》 중에서

최고의 사랑을 만나는 최고의 방법, 그리고 시기

아버지는 자라면서 가장 궁금했던 게 바로 미래에 만날 배우자의 얼굴이었다. 물론 누구나 그렇듯이 첫눈에 반하는 사랑을 꿈꾸었다. 도덕적이면서 생각도 멋있고 모든 면에서 아름다운 사람이기를 간절히 소망했다. 그리고 운이 좋게도 그 꿈을 이루었다.

승민이가 존경하는 어머니를 가지게 된 방법은 아주 간단하다. 아니, 방법이 필요 없다.

최고의 배우자를 만나고 싶다면, 승민이가 원하는 배우자의 상에 대하여 주욱 나열한 후 승민이도 그냥 그런 사람이 되면 된다.

이 세상은 확률적으로 거의 비슷한 수준의 사람끼리 만나게 되어 있다. 반쪽을 만날 때까지 죽 해왔던 생각들, 어떻게 시간을 보냈는지 등이 최고의 사랑을 만나는 데에 결정적 역할을 할 것이다.

공주를 만나고 싶으면 왕자가 되면 된다.

남이 볼 때도 안 볼 때도 좋은 생각으로 알찬 시간을 보내고, 뼛속까지 좋은 사람이 되어라. 예를 들어 배우자의 혼전순결을 바란다면, 승민이도 그렇게 하면 된다. 생각이 깊은 사람을 만나고 싶으면, 승민이도 생각을 깊게 하는 습관을 가지면 된다.

반쪽을 찾는 적절한 시기는 없다. 하지만 아버지의 경우에는 직업을 가지게 된 후로 미루었다. 고등학교 시절에는 홀로서기조차 힘들었으므로 미루었고, 군대에 가기 전에는 미래의 불확실성 때문에 미루었다. 제대 이후에는 시험 준비 때문에 어려웠다. 임용고시에 합격하고 연수 받는 중에 눈을 크게 뜨고 정말 열심히 찾은 사람이 바로 승민이 너의 어머니다. 아버지처럼 할 필요는 없지만, 너는 최소한 대학에 합격한 이후였으면 좋겠다.

반쪽을 찾는 데 시간과 노력을 아끼지 마라.

살면서 가장 중요한 것에 시간과 노력의 우선순위를 두어야 한다.

그리고 반쪽을 만나 결혼하고 가정을 이루는 일은 그 어느 것의 우선순위에도 밀리지 않는다. 하지만 많은 사람들이 '인연은 때가 되면 오겠지' 하는 생각으로 노력을 게을리할 뿐 아니라, 우선순위에 밀리는 다른 것을 오히려 정말 열심히 한다. 이것은 잘못된 방식이다.

  승민아, 정말 반쪽을 찾는 데 최선을 다해 노력해야 한다. 반쪽을 만나는 데에 좋은 생각과 인격을 가지고 능력을 가지는 일도 노력에 포함되지만, 잘 갖춘 후에 찾는 노력은 그 이상으로 중요하다.

  올림픽 선수가 능력을 갖추느라 최선을 다해 노력해놓고, 막상 시합에서 게으름을 피운다면 너무 안타까운 일이다. 반쪽을 만나는 시기는 적령기가 있다. 이 적령기에서 멀어질수록 승민이가 선택할 수 있는 폭도 줄어든다는 점을 알아야 한다.

사랑하는 사람과
소울메이트가 되는 법

의사소통은 혀로만 하는 것이 아니다.

언어학에서 혀로 하는 의사소통(Verbal comunication)은 전체 7%에 불과하고, 그 외의 의사소통(Unverbal comunication)은 93%를 차지한다고 한다.

이것을 반대로 착각한다면 아버지가 첫사랑에 실패했듯이 사랑에 실패할 확률이 높다. 승민이는 이 시행착오를 겪지 않았으면 좋겠다.

예를 들어 창문을 쳐다보면서 "아, 덥다"라고 말한다면, 그 기저의 의미는 창문을 열어달라는 뜻이다. 그런데 '덥다'고만 판단한다면 의사소통에 착오가 생긴다.

아버지가 고등학생 때 교회 예배를 보고 오는 길에 교회 여자 동기에게 탁구를 치러 가자고 제안했다. 그 친구는 "공부해야 하는데"라고 답했다. 그래서 다음 기회로 미루었다. 그런데 나중에 그 친구가 "무슨 남자가 탁구 치러 가자는 말을 딱 한 번만 하고 그냥 가버리냐"며 핀잔을 주었다. 아버지는 혀 이외에서 오는 메시지를 간과한 것이다.

바로 좋다고 하기 쑥스럽고 가벼워 보이는 것이 걱정되지만, '나도 정말 너랑 탁구를 치고 싶어' 하는 분위기였고, 아버지는 그때 "공부는 운동하고 나면 더 잘 집중되니까 제발 치러 가자"라고 말했어야 했다.

정말 싫다는 말이 정말 좋다는 말이 될 수도 있고, 정말 괜찮다는 말이 별로라는 말이 될 수도 있다. 감정이입을 잘하고 흔들림 없는 인격의 통합성을 가지고 대해야 한다.

특히 사랑하는 사람과 의사소통할 때는 일관된 인격의 통합성을 보여줘야 한다. 인격의 통합성이란 상대의 모습에 따라 반응이 일희일비하지 않고 꾸준히 같은 모습으로 안정감 있게 곁에 있어줘야 하는 것을 말한다.

마음의 준비를 하는 과정을 충분히 줘야 한다. 모든 것을 뒤로한 채 승민이만 믿고 결혼하는 일은 물릴 수 없는 인생의 전부를 가지고 도박을 하는 것과 마찬가지로 부담 되는 일이다. 모든 것을 거는 일은 결심을 위해 판단하고 생각할 시간이 필요하다.

"사귈래?", "아직…… 그냥 친구 정도로 지내자"는 말 한마디에 '아, 내가 싫구나' 하고 판단해버리거나, "확신이 안 간다"는 말 한마디에 '나를 믿지 못하는구나' 하고 손쉽게 결론을 낸다. 이렇듯 혀로 인한 의사소통만으로는 오해의 소지가 생길 수 있다.

눈빛, 목소리, 표정은 물론, 그 전후 과정에서 오랫동안 보였던 모습과 말, 정황 등을 종합해볼 때 상대방의 말은 '좀더 시간을 달라', '좀더 확실한 메시지를 달라'는 의미일 수도 있다.

승민아, 사랑하는 사람을 만나고 배우자로 점찍어놨다면 시간을 두고 인내를 하며, 한결같은 모습으로 감정이입을 하여 상대방의 입장에 서보길 바란다. 무엇보다 상대가 수치스럽지 않게 마음껏 뽐내며 너에게 올 수 있게 해주는 것이 최선의 배려다.

나중에 상대방한테서 "사실 내가 더 좋아했어"라는 말을 듣게 될지언정, 그 과정에서는 더 많이 좋아해주고 공주처럼 느낄 수 있도록 최고의 배려를 해주면 좋겠다. 왜냐하면 멋진 승민 왕자님의 반쪽이니까.

최고의 사랑은 많은 대화를 나누고 가치관과 생각을 나누며 서로를 길들이고 공유하면서 최선의 배려를 하는 과정이다. 승민이를 한 인간으로서 성숙하게 만드는 값진 과정이기도 하다.

사랑은 시작과 끝만 강렬하다.

모든 노래를 보면, 사랑의 시작과 끝만 다루고 있다. 문학, 예술도 마찬가지다. 얼마나 강하면 사랑에 "빠진다"는 표현을 썼을까. 설레고, 세상을 다 얻은 것 같고, 심장이 멎을 것 같은 느낌. 헤어질 때도 비슷한 강도로 반대편에 서 있는 지옥을 맛보게 된다.

사랑은 시작과 끝이 정말 강렬하다.
하지만 사랑의 중간 과정은 매우 지루하다.

사랑은 중간이 대부분을 차지한다. 열정으로 가득 차고 숨이 막히는 상황만 지속된다면 얼마 못 살 것 같기 때문에 하나님께서 주신 배려인지도 모른다.
이것은 성적인 환희나 열정과도 관련이 있다. 의학적 연구결과 역시 성적으로 강렬함을 느끼는 것은 유통기한이 있다고 한다. 그렇기 때문에 사랑의 시작과 끝을 전부로 착각하면 올바른 사랑관과 가정관을 확립하기 어렵다.
사랑을 열정적이기만 한 것으로 착각하면, 만나고 헤어짐을 죽을 때까지 반복해야 할지도 모른다. 이것은 큰 불행일 수도 있다.
일부일처제는 인류가 진화하면서 가지게 된 것이라고 말했다. 이는 인간 행복에 적합한 것으로 역사 속에서 증명된 제도다. 그동안 일부다처제, 다부다처제, 다부일처제 등의 치명적인 단점이 증명되었다.

얼마 전 아버지 친구가 이혼하고 싶다고 아버지에게 털어놓았다. 둘 사이에는 큰 문제가 없었다. 자녀는 없다. 아주 사소한 문제로 열흘째 대화가 단절된 상태였고, 실제로 이혼을 준비하고 있었다. 아버지는 만류하였고, 많은 대화를 나누었다.

그 친구는 현재의 아내 이전에 만난 사람들과 사랑하고 헤어질 때 이미 너무나 강렬한 경험을 했다고 말했다. 지금 아내와 만남은 그에 비하면 약과이기 때문에 헤어짐의 충격은 크지 않을 거라 예상했다. 그리고 황혼이혼도 증가하는 판에 대수롭지 않다는 논리였다.

다시 말하지만, 사랑의 중간 과정은 강렬하지 않고 또 그래야만 한다. 사랑에서 성욕은 아주 일부일 뿐이다. 이것을 전체로 착각해서는 안 된다. 중간 과정에서 서로를 길들이고, 지지해주고, 응원해주고, 누구보다 서로를 잘 알아가고, 정을 키우고 사랑을 키워온 이 엄청난 가치를 소중히 해야 한다.

열정적인 사랑이 발전하여 성숙해지면 **동반자적 사랑**으로 넘어간다. 그것이 바로 중간단계인 것이다. 더 완성도가 높은 사랑인 것이다.

남녀 간 사랑에 있어서 여러 사람을 짧고 얕게 사랑하는 것보다 한 사람을 깊게, 영원히 사랑하는 것이 인생과 인간에 대해 더 깊이 있게 알아가는 것이라 생각한다.

오랜 기간 서로 길들여서, 이 세상 누가 뭐라 해도 서로 가치를 알아주고 정이 든, 그 소중한 동반자적 관계에 대해서 무척 높이 평가해야 한다.

사랑은 대부분 강렬하지 않다. 하지만 강렬하지 않은 중간 과정이 무엇보다도 소중한 것이다.

사랑은 시작과 끝이 정말 강렬하다.
하지만 사랑의 중간 과정은 매우 지루하다.
……
사랑은 대부분 강렬하지 않다.
하지만 강렬하지 않은 중간 과정이
무엇보다도 소중한 것이다.

가족끼리
상처받지 않으려면?

가족, 형제 간 관계를 들여다보면 의외로 상처가 많다. 어렸을 때 사이가 좋았어도 평생 우애를 유지하지 못하는 경우도 많다.

승민이 할아버지, 할머니 세대의 형제자매끼리는 사이가 좋지 않았다. 아버지는 어렸을 때 보고 싶은 사촌들을 자주 만날 수 없어서 항상 아쉽고 그리웠다. 그래서 아버지는 형제자매들과 약속을 했다. 우리끼리는 제발 평생 잘 지내자고, 그리고 부모자식 간도 잘 지내자고.

하지만 결혼하고 나이가 들자 이것은 매우 어려운 일임을 알게 되었다. 시간이 지나면서 크고 작은 상처가 생겼다. 가장 가깝고 기대가 큰 존재들인 만큼 상처의 아픔은 컸다.

부모자식 간, 형제자매 간처럼 천륜관계에 있을지라도 위기가 올 수 있기에 항상 노력이 필요하다. 자칫 위기를 넘기지 못하면 평생 남보다 더 못한 관계가 될 수도 있다.

가족 간에 잘 지내는 것은 행복을 위한 필수요건이다. 아버지와 승민이의 관계 속에서도 어쩌면 상처가 있을 수 있다. 이 부분에 대해 아버지가 얻은 교훈을 하나씩 말해주고 싶다. 아버지가 이런 얘기를 하는 까닭은, 아버지는 승민이와 평생 행복하게 지내고 싶어서이고, 승민이가 가까운 가족들과도 행복하게 지내기를 바라기 때문이다.

먼저 가족끼리 받는 상처의 본질을 말하자면, 너무 소중하고 가까워서 생기는 것이다.

내가 평소에 형편없게 생각하는 사람이거나 전혀 기대를 안 하는 사람, 먼 사람에게는 상처를 별로 받지 않는다. 길거리에서 유치원 꼬마가 나에게 욕을 했다고 상처를 받지 않는 이유는 아이가 아직 어려서 그렇다는 것을 인정하기 때문이다.

택시기사나 식당 주인 등, 생활 속에서 만난 사람들은 가까운 관계도 아니고 기대감도 없고 마음을 주고받지도 않는다. 이런 관계 속에서 상처를 받았다고 오랜 기간 힘들어하는 경우는 보지 못했다.

하지만 이와 반대로 가족 간의 문제는 아주 작은 일로도 엄청난 고통을 받게 된다. 그리고 남보다 더 못한 관계가 되기도 한다.

가족관계가 깨지면 인생에서 가장 치명적인 위험에 처하게 된다. 그래서 가족관계는 항상 조심스럽고 노력도 많이 해야 하는 관계다. 하지만 많은 사람들이 이런 점을 간과하고 있다.
그러나 아버지가 지금부터 말하는 두 가지를 인지하면 그리 어렵지 않게 행복한 삶을 누릴 수 있을 것이다.

하나는, 지금 아버지와 승민이가 미리 이야기하는 것처럼, **가족끼리 가족관계에 대한 고찰이 선행되고 사전예방 차원에서 다양한 대화가 선행**되어야 한다는 점이다.
또 하나는, 가까운 사람 간에 **상처가 생길라치면 비록 작은 일일지라도 소심하다고 생각하지 말고 곧바로 얘기하자고 서로 약속을 해두는 것**이다.

간단한 말들 같지만, 여기에는 많은 의미들이 녹아 있다.
가까운 사람이라면 이미 좋은 사람들이고, 사람 자체에 문제가 있을 가능성은 적다. 따라서 해석의 차이, 의사소통의 오류에서 오는 문제가 대부분일 것이다. 그러므로 문제를 확대해석하지 말고 차이점과 오류 등에 집중하는 게 포인트다.

먼저 승민이 할아버지와 할머니의 형제자매 관계를 고찰한 후 아버지의 형제자매 관계에 적용하여 문제점을 극복한 이야기를 해주겠다.

승민이 할아버지와 할머니의 형제자매 관계는 무척 불편하다. 할아버지와 할머니의 말씀을 들어보면 정말 분노가 일어날 정도로 말도 안 되는 엄청난 일들이 있었다. 당한 것들도 너무 많다.

승민이 큰할아버지께서 할아버지께 빌린 200만원을 30년 후에 원금만 갚고 결국 싸운 이야기, 예전에 이만큼이나 해줬는데 은혜를 모르고 오히려 공격까지 해서 고통받은 이야기, 아버지의 할머니께서 아버지 부모님을 이혼시키려 하는데 그것을 아버지의 고모가 주동했다는 이야기 등, 너무나도 많은 이야기와 상처를 할아버지와 할머니는 가지고 계셨다. 그 모든 것을 아버지가 힐링해드렸고 한을 풀어드렸다.

하지만 아버지의 큰아버지, 작은아버지들, 고모, 그리고 승민이 할머니와 대화를 해보면 모두 각각 상처들이 있었고, 해석도 극과 극을 달리고 있었다.

예를 들어 승민이 할아버지는 작은할아버지의 대학 등록금을 대줬을 뿐 아니라 이것저것 다 해줬는데, 작은할아버지가 산 차를 한 번 빌려달라 했더니 안 빌려준 이야기, 작은할아버지 입장에서는 정말 어려울 때 할아버지가 돈을 안 빌려줬다는 이야기 등, 모두 다 피해자고 모두 다 '낀 세대'라고 느끼며 아픔을 겪고 있었다.

그것을 각자 가슴속에 품고 지내는데, 이제는 속에만 품어야지 밖으로 표출하면 큰일날 정도다. 넘을 수 없는 강을 건넌 상태인 것이다.

그런데 각각 만나보면 다 정상인들이다. 정상인들끼리 서로 가장 고통받아온 것이다. 근본적인 이유는 가장 가깝고 가장 기대했기 때문이다. 그래서 가장 멀어졌다.

아버지 형제들은 우리가 어릴 때 사촌끼리 왕래가 잦았던 그 시절을 너무 그리워하며, 평생 우리는 그렇게 지내지 말자고 약속하고 또 약속하기를 반복하였다. 하지만 아버지 세대마저 비슷한 길을 답습하고 있다는 것을 깨달았다. 그것은 결혼 이후다.

할아버지 할머니 세대도 결혼 전에는 싸울 일이 없었다. 할아버지가 번 돈을 모두가 나누어 가질 정도로 서로 돈독했다.

하지만 각자 출가를 한 후 잘 지내려면 더 노력해야 한다.

그 이유는 첫째, 각자 가정을 일구고 각자 살아가기에 바로바로 대화할 수 없는 대화의 기동성 부족 때문이고 둘째, 각자 가정이 생기면서 손익계산을 시작하기 때문이고 셋째, 나이가 들면서 생각도 달라지고 생각을 공유할 기회도 적어지기 때문이다.

아버지가 앞에서 형제자매끼리 사이좋게 지내려면 상처가 생기려 할 때 바로 말하기를 약속해야 한다고 했다. 그 이유는, 작은 일을 소심하다고 생각하여 그냥 넘어가다 보면, 하나의 일을 달리 해석하게 되고 시간이 흐르면 이를 돌이킬 수 없기 때문이다.

다음 이야기는 승민이가 얼마 전 겪은 일이라 이해하기 쉬울 것이다.
우리가 고모네와 잘 가는 영화관은 대형마트와 구름다리로 연결되어 있다. 영화를 보는 사람들은 대부분 영화관 주차장에 차를 댄다. 하지만 주차장이 가득 차면 마트 쪽에 차를 둔 채 사람들만 구름다리로 건너온다. 그런데 오후 10시가 되면 구름다리가 차단되어, 대형마트에 주차한 경우 주차장까지 20분을 걸어가야 한다.

두 가족이 영화도 보고 식사도 하고, 집에 가려 하는데 구름다리가 차단되어서, 영화관 쪽에 주차한 고모부에게 우리 식구를 마트 쪽 주차장까지 태워다달라고 했다. "형님, 차도 좁은데, 그냥 가서 가져오세요. 형수님과 승민이에게 기다리라고 하시고요. 애들 너무 피곤해하는 것 같아서, 먼저 갈게요."

그때 아버지가 얼마나 서운해했는지 기억나지? 승민이가 그때 "아버지, 저는 고모네 차 타고 갈게요"라고 했을 때 "안 돼! 이리 와!" 하고 화내서 승민이가 눈물이 찔끔 났던 것도.

가는 날이 장날이라고, 그날 마트 쪽 주차장 입구가 다 차단되어 있었지. 미로찾기 하듯 한 시간 반을 헤매다 승민이는 결국 울음을 터뜨렸어. 결국 어머니랑 너를 택시에 태워 보내고 아버지는 따로 돌아왔지.

그리고 한 달 후 신기하게도 반대의 상황이 벌어졌지. 고모네가 자동차를 마트 쪽에 주차하고 우리는 영화관 쪽에 주차했어. "오빠, 저기까지 태워줘"라고 했을 때 "야, 저번 상황이랑 어떻게 이렇게 똑같냐?", "뭐가?", "전에 너네한테 우리도 똑같이 부탁했는데, 안 태워줘서 너무 서운했어. 그런데 반대의 상황이 되었다"라는 말을 했지.

아버지는 '태워줄게'라는 말을 꺼내려 했는데 고모는 너무 서운해하며 "우리 그런 적 없거든. 진짜 너무한다. 우리 그냥 걸어갈래"라고 했지. "아냐, 타고 가"라고 해도, 대꾸도 없이 사라지는 고모네 가족들.

그 후 아버지가 전화해서 "한 달 전에 너네 그랬어. 오빠는 그거 풀어버리려고, 말하고 태워주려 했어"라고 해도 절대 기억 안 난다고 했고, 고모부 역시 "형님, 맹세코 그런 적 없어요"라고 해서, 아버지도 결국 슬그머니 화가 났지. "내 목숨 걸고 그런 적 있다"고 말해도 서로 평행선을 달려서 결국 전화를 끊고 집으로 향했다.

이때 우리는 서로 해석을 달리 하고 생각도 반대로 달리고 있었다. 아버지와 어머니는 전에도 고모네 식구들에게 상처를 받은 적이 있거든. 그러다 또 상처를 받은 상황이었지.

이렇게 기대가 크고 가까운 사이일수록 작은 일에 상처가 크다. 관계는 큰일에서만 깨지는 게 아니란다.

고모네 입장에서는 아버지를 볼 때 전혀 기억도 나지 않는 일을 가지고 꽁해서 이야기를 지어내듯 서운하게 하는 오빠가 도저히 이해가 되지 않았을 것이며, 내심 큰 상처도 입었다. 아주 사소한 일이지만 양쪽 가정 모두 '다시는 같이 영화 보러 가고 싶지 않다'는 생각을 했을 것이다.

그날 아버지가 고모네 집에 발걸음을 했고, 승민이가 다 기억난다면서 고모와 고모부에게 차근차근 설명을 해줬지. "제가 고모네 차 타려고 하는데, 아버지가 화내면서 못 타게 했었죠?"라고 말하고 나니 기억이 났고, 양쪽 가정 다 서로 미안하다고 봇물 터지듯이 대화가 터지면서 서로 마음을 풀었던 상황들.

그리고 그날 고모네와 약속을 했지. 아주 사소한 일이라도 상처가 되는 일은 시간이 흐르기 전에 최대한 빨리 서로에게 말해주기로.

아예 신경 안 쓰고 용서할 자신이 있으면 말 안 하고 넘어가도 되지만, 그럴 자신이 없으면 서로 소심하게 보지 않기로 약속하고 바로 말할 수 있어야 한다고 생각한다.

그러지 않고 시간이 흐르게 내버려두면, 서로 해석하는 방향이 완전 엇갈리고, 이런 것들이 쌓이면 가장 가까울수록 가장 큰 상처로 남아서 관계가 깨지는 것이다.

과거에 할머니와 아버지 형제들 간에 평정이 깨지는 크고 작은 일들이 일어났을 때 곧바로 대화했다면 극복이 가능했을 것이다. 하지만 시간이 흐른 후 툭툭 튀어나오는 말은 서로 극복할 수 없는 상처가 되었다.

시간이 흐르기 전에 바로 대화하고 상대방 입장에서 해석한 것에 생각을 맡기고 따라가면, 이해되지 않을 일이 거의 없다. 상처가 생겼을 때 곧바로 서로의 해석을 따라가 생각해보는 시간을 가지면, 한쪽에서 잘못을 인정하기도 하고 둘 다 인정하기도 하면서 극복이 가능하지만, 시간이 흐른 뒤에는 "기억도 안 나는 일을 가지고 너무 한다"는 소리를 듣게 될 수도 있다. 서로 기억과 해석이 다르기에 분노가 폭발하는 것이다.

상처가 있을 때 작은 것이라도 바로 말해야 하고, 바로 말하는 것이 피곤하고 소심한 짓이 아니라 서로 너무 소중하기 때문에 하는 노력이라는 점에 서로 합의해야 한다.

사랑하는 승민아, 아버지와 승민이 사이에서도 이 부분에 대해서는 서로 합의하자. 어머니하고도 꼭 하렴.

가족끼리 받는 상처의 본질을 말하자면,
너무 소중하고 가까워서 생기는 것이다.
……

가족관계가 깨지면
인생에서 가장 치명적인 위험에 처하게 된다.
그래서 가족관계는 항상 조심스럽고
노력도 많이 해야 하는 관계다.

고부갈등
극복하는 법

승민아, 네 어머니와 네 아내의 관계는 승민이의 인생에서 엄청나게 중요한 비중을 차지할 것이다. 둘의 관계가 행복하면 자연스럽게 효도로 이어져서 어머니도 행복하고 승민이와 승민이 아내도 행복해질 수 있단다.

그러나 쉬운 일은 아니다. 역시 노력이 필요하다.

어떤 식으로든 자신의 가정에 맞게 특화된 노력이 필요하다. 그리고 그 노력의 포인트가 '모든 사람은 낀 세대이며, 낀 세대가 피해의식을 버리지 않는 한 모두 사이가 안 좋을 수밖에 없다'는 점을 인지하는 것이다.

솔직히 부모자식 간, 형제 간 일은 정답이 없는 것 같다. 내가 너에게 이런 얘기를 하는 이유는, 인생이 행복해지려면 가장 중요한 관계가 부모자식, 형제 간이므로 중요한 만큼 더 시간을 투자하고 노력하자는 것이고, 아버지가 썼던 팁을 알려줘서 네가 적절히 응용하기를 바라는 것이다.

사실 어머니와 할머니 관계에서 '용돈 활용'은 잘 통하는 방법이었다. 대화가 잘 안 될 때도 할머니는 용돈 부분에서 약하셨다. 그러다가 점점 서로를 이해하게 되었지만. 하지만 네 아내와 어머니 관계에서 그 방법이 통할지는 잘 모르겠다.

고부관계는 정말 쉽지가 않다. 서로 합의가 되고, 서로 노력해야 한다. 예를 들어 시어머니가 주말에도 손자를 보고 싶다면 맞벌이에 지친 며느리가 시어머니를 부담스러워하지 않도록 배려해야 한다. 즉 며느리가 주말 오전에 편하게 늦잠도 자고 휴식할 수 있도록, 잔소리를 하지 않거나 손자만 데리고 나간다거나 하는 분위기여야 한다. 할머니와 어머니는 이런 부분에 합의가 되었다.

할머니는 네가 어릴 때 당신이 봐줄 테니 아버지와 어머니 둘이서 데이트하고 오라고, 안 들어와도 된다고 할 정도였다. 나중에 할머니와 어머니는 술친구가 될 정도로 친해졌다.

할머니가 너를 봐주시면서 어머니는 용돈과 선물을 자주 드렸다. 할머니가 때로는 '돈으로 때우냐'는 생각을 하셨을 수도 있다. 하지만 돈도 고생을 통해 나온 것이란 부분에 동의를 하셨던 것 같다.

사람마다 다르겠지만 기분 좋을 때 많은 합의를 해두는 게 필요하다. 평생의 경험과 생각이 세대차이를 만든다. 따라서 서로 합의가 없으면 자연스럽게 좁히기는 힘들다.

결혼 전 아버지가 어머니와 한창 연애를 할 때 충격적인 사건이 있었다. 할머니께서는 승민이도 알다시피 정말 존경스럽고 무척 훌륭하신 분이다. 그럼에도 불구하고, 남편을 일찍 여의고 아버지에 대한 사랑이 커서 그런지, 승민이 어머니에 대한 시선이 좋지만은 않았다.

아버지와 할머니가 둘만 남았을 때마다 어머니에 대해 평가하고 판단하기를 반복하셨다. 아버지는 정말 충격이었다. 그리고 앞으로 아버지가 결혼해서 전개될 고부관계가 너무 선명하게 그려졌다.

군대, 대학 선후배 사이, 직장 상하관계에서 나타나듯이, 자신을 낀 세대라고 생각하고 '나 때는 이랬는데'라는 본전 생각에 나의 각도로만 상대를 평가하는 일이 있다. 결혼 전 아버지가 할머니를 보니 고부관계에서도 같은 일이 반복될 것만 같았다.

사람들 간에 갈등이 생겼을 때, 이쪽 말을 들어보면 이쪽 말이 맞고 저쪽 말을 들어보면 저쪽 말이 맞다. 옳고 그름의 문제로 접근한다면, 신이 아닌 이상 이것을 판결해줄 사람은 아무도 없다. 다르다는 것을 인정하고 접근하지 않으면 모든 인간관계는 상처뿐인 것임을 그동안의 경험상 익히 알고 있었다.

할머니는 가부장적 사회문화 속에서 시어머니로부터 혹독한 시집살이를 하셨다. 정말 인내하고 또 인내하면서 행복한 가정을 위하여 엄청난 희생을 감수하셨다. 사실 그 시대 한국에서 시집살이를 한 분들은 모두 다 정말 측은하다. 그 혹독한 기준으로 요즘 시대의 며느리를 본다면, 아무리 노력하고 또 노력해도 할머니의 마음에 들지 않을 것이며 평안은 반복적으로 무너질 것이었다.

'나 때는 이랬는데, 내가 이렇게 노력해도 요즘 것들은 글러먹었다'는 생각을 나는 막고 싶었다. 아버지 세대의 부부들은 대학 때 많은 생각을 하고 페미니즘도 공부해서 상황이 엄청나게 달라졌으니, 할머니의 입장에서 봤을 때는 천지개벽이 아닐 수 없을 것이다.

승민이 어머니의 입장에서도 할머니 시대의 기준은 도저히 납득할 수 없을 것이다. 살아온 경험과 사고와 방식이 모두 다르다. 어머니 입장에서도 그런 시대를 겪으신 할머니를 시어머니로 맞이해야 하는 낀 세대라는 생각을 할 게 분명했다.

역시 양쪽 이야기를 들어보면 다 맞다. 아버지는 할머니께 시간을 두고 지속적으로 설득하기로 했다. 아버지가 주로 설득한 요지는 다음과 같다.

"어머님, 며느리는 어머님과 다르다는 것을 인정해야 합니다. 그동안 자라온 시대도 환경도 다르고, 생각도 다르고, 어머님이 제 여동생을 사랑하는 것 이상으로 며느리 역시 한 가정에서 사랑받고 소중한 존재로 자랐습니다. 저 하나만을 믿고, 모든 것을 버리고 오는 철부지입니다. 며느리도 어머니도 행복해지고 싶은 단 한 번뿐인 소중한 인생들입니다. 잘못된 것이 아니라 다르다고 생각해주시고, 대화하면서 서로 맞춰갔으면 좋겠습니다. 아들이 불행하다면 불효입니다. 저의 행복은 며느리의 행복과도 직결되어 있으니, 제가 불효하지 않도록 어머니께서 도와주세요. 깨어 있는 시어머니로 존경받으시고 더 행복해주세요. 저희도 노력하겠습니다."

"아버님이 돌아가셔서 저에게 의지하는 바가 큰 줄 잘 압니다. 더 노력하겠습니다. 다만 저를 소유하려 하지 마세요. 자식을 소유하려는 과정에서 오는 불행을 생각해주세요. 기꺼이 저를 소유하시도록 응해드릴 수 있으나, 소유한 후 서로 불행하면 잘못된 선택입니다. 저도 제 자식에게 그러겠습니다."

그러나 쉽지 않았다. 한번은 할머니께서 'ㅇㅇㅇ'이라는 표현을 하셨을 때 아버지는 강경책으로 다음과 같이 이야기했다.

"저는 절대로 결혼 안 합니다. 어머님이 부러워요. 그래도 어머님은 아버지 만나서 결혼도 해보시고, 너무 부럽습니다. 어머님 때문에 저는 결혼을 안 할 것이고, 제가 불행해서 그래서 어머님이 행복하시다면 한번 잘 누려보세요."

그때 할머니께서 '결혼도 해보시고 너무 부럽다'는 말에 충격을 받으셨고, 사고의 전환이 시작되셨다. 그 후 그 말을 종종 할머니 친구들에게 해주시면서 많은 말씀을 친구들로부터 들었다고 하셨다.

"그런 자식이 어디 있느냐", "순수하니까 아들이 그런 말도 하는 거다" "다른 아들 같으면 무시하고 둘만 잘 산다더라" "요즘 시어머니들은 예전처럼 하면 쫓겨난다더라" 등등의 말씀을 들었다고 하셨다.

그 후 아버지에게 "꼭 결혼은 해야 하고, 생각해보니 네 행복이 나의 행복이다. 네가 잘 살고 행복하면 난 그만이다"라는 쪽으로 사고의 전환이 있었다.

반복되는 설득 속에 할머니는 변화가 시작되었고 진정으로 깨어 있으신, 이 시대의 가장 멋진 시어머니가 되어주셨다.

승민이 어머니에게도 설득의 노력을 아끼지 않았다.

"윗사람이 상처받기가 더 쉽다. 선배에게 손가락질 당하는 것보다 후배에게 형편없는 선배가 되는 것이 더 치욕스러운 것이듯, 모자관계도 고부관계도 마찬가지다. 우리가 동생들로부터 수시로 받는 크고 작은 상처를 볼 때, 어머님의 상처를 조금은 헤아릴 수 있을 것이다. 그 크기는 우리의 몇백 배가 될 것이다. 어머님은 한국전쟁의 피해자시고, 가부장적 문화 속에서 혹독한 시집살이를 하셨다. 어머님의 기준은 우리가 생각하는 것보다 훨씬 혹독하다."

"어머님께서 하나를 양보하고 베푸실 때에는 그 혹독한 기준을 힘들게 노력하여 깨고서 일어나는 정말 힘겨운 것들이므로 소중히 여기고, 혹시 미처 헤아리지 못한 것이 없나 늘 생각하며 대화해야 한다. 어머님과의 관계가 좋지 않은 상태에서 우리 둘만 행복하기는 쉽지 않다. 나는 아내와 자식의 행복이 내 인생의 목표이고, 마찬가지로 어머님과 장인어른 장모님의 행복 역시 내 인생의 목표다. 내가 소중한 사람의 행복에 기여한다면 그게 나에게 더 깊은 행복이다. 우리 그렇게 살자."

할머니와 어머니는 지금 서로를 자랑하기 바쁘다. 어머니는 "그런 시어머니 정말 부럽다"는 말을 직장동료들에게 듣고, 할머니는 "그런 며느리가 어디 있느냐"는 말을 친구들에게 듣고 있다. 어머니와 할머니의 관계는 정말 환상적이라는 표현밖에는 못하겠다. 완벽하다. 덕분에 행복하다.

팁을 하나 주겠다. 승민아, 미래의 아내가 화가 났을 때는 승민이가 아내 편을 확실하게 들어라. 둘이 있을 때 말이다. 같이 화를 내주고 철저하게 더 흥분해줘라. 아주 확실히 같이 느껴주고 같이 억울해해줘라.

어머님이 화났을 때도 마찬가지다. 승민이 아내가 화났는데 하필 그때 효자의 모습을 보이면 정말 어리석은 짓이다. 어머님이 화났는데 아내를 이해해달라고 말하는 것은 정말 멍청한 짓이다. 같이 무조건 공감해주면, 둘 다 좋은 사람들이기 때문에 스스로 자정능력을 분명히 발휘할 것이다.

비단 고부 간에만 적용할 것이 아니다. 우리는 다름의 문제를 옳고 그름의 문제로 바꾸어 오판하는 실수를 많이 범한다. 모두들 스스로 불쌍한 '낀 세대'라고 느낀다. 아버지가 군대에 있을 때도 그랬다. 모든 고참들이 '나 때는 이랬는데' 생각하며 후임병들이 빠졌다고 심하게 다루었고, 내가 고참이 되었을 때 동기들은 '우리 때는 이랬는데' 그러면서 지금 후임병들이 너무 한심하다고 속상해한다. 내가 고참 스스로 앞가림하는 것으로 내무반에 명령을 내렸을 때, 반발이 매우 심했다.

사람들은 누구나 자신이 당한 시대의 기준에서 벗어나려면 엄청난 노력이 필요하다. 이러한 '낀 세대 피해의식'과 '손가락질 문화'는 가정, 대학, 직장 등 거의 모든 크고 작은 많은 집단 속에 만연해 있다.

고부관계를 극복하듯이 다른 관계에도 확장하고 응용해서, 낀 세대 피해의식을 극복하기를 바란다.

자신에게 집착을 줄여라.

자신에 대한 탐구는 정체성을 확립하는 데 매우 중요하다. 하지만 어느 정도 나이가 들어서는 행복을 위하여 자신에 대한 진한 관심을 다른 곳으로 돌릴 필요가 있다. 몸의 건강에도 너무 집착하면 오히려 잔병이 많다. 자신에게도 마찬가지다.

다음은 버트런드 러셀●의 《행복의 정복》에 나오는 이야기다.

"삶을 즐기게 된 비결은 내가 가장 갈망하는 것이 무엇인지를 알아내서 대부분 손에 넣었고, 본질적으로 이룰 수 없는 것들에 대해서는 깨끗하게 단념했기 때문이다.

무엇보다도 내가 삶을 즐기게 된 주된 비결은 자신에 대한 집착을 줄였다는 데 있다. 나 또한 자신의 죄와 어리석음, 결점에 대해 깊이 생각하는 버릇이 있었다. 나는 차차 자신과 자신의 결점을 대수롭지 않게 여기는 법을 배워나갔다. 나는 외부의 대상들에 대해서 더욱 관심을 기울이게 되었다."

자신의 단점에 대해서 알아차리고 있는 것만으로, 시간이 지나면 서서히 극복된다. 너무 단점에 집착하지 말고, 장점을 강화시켜나가는 것이 인생에도 좋고 행복에도 도움이 된다.

● 버트런드 러셀(Bertrand Arthur William Russell) : 철학, 수학, 과학, 사회학, 교육은 물론 예술과 종교에 이르기까지 다양한 저술활동을 펼쳤다. 1950년에 노벨 문학상을 수상했다. 여성해방운동과 평화주의자로서 반전활동을 했으며 옥고를 치르기까지 했다. 저서로는 《나는 이렇게 철학을 하였다》, 《게으름에 대한 찬양》 등이 있다.

우리는 다름의 문제를
옳고 그름의 문제로 바꾸어 오판하는
실수를 많이 범한다.
모두들 스스로 불쌍한 '낀 세대'라고 느낀다.
모든 사람은 낀 세대다.
낀 세대가 피해의식을 버리지 않는 한,
모두 사이가 안 좋을 수밖에 없다는 점을
인지해야 한다.

다섯 번째 편지

―

학교 성적과 공부,
아버지의 바람
―

아버지의 실수,
후회하는 것들
―

영어 공부에는
전략이 필요하다
―

공부, 인성, 행복의 삼각관계
―

모든 종교가
공통적으로 이야기한다
―

시험을 위한 공부, 인생을 위한 공부

학교 성적과 공부,
아버지의 바람

　한국의 교육제도와 교육열에 대해서 너무 부정적인 시각을 가지고 있는 사람들이 많은데, 아버지는 그렇게 생각하지 않는다.
　한국이 이렇게 성장한 최고의 이유는 한국의 교육제도와 교육열이라고 생각한다. 문제점도 많지만, 자원이 없고 지식으로 승부를 봐야 하는 한국의 상황에서는 매우 적합하고 바람직한 방향으로 발전해왔고, 앞으로 더 좋아질 것이라고 생각한다. 다만, 대학 교육이 좀 많이 보강되면 더할 나위 없다고 생각한다.
　주입식 교육, 강의식 교육은 무조건 나쁜 것으로만 생각하고 한때 '열린 교육'을 지향하며 교실의 벽을 허물기까지 하면서 많은 미국의 교수법들이 도입되었다.

한 반에 열 명 좀 넘는 것에 적합한 교수법들이 수십 명인 우리나라에 적용되면서, 보여주기 위한 수업의 형태로 흘러갔던 것이 매우 아쉽다.

아버지 개인의 한 관점이긴 하지만, 이때 한국의 교육이 많이 퇴보하였다고 생각한다. 하지만 정반합의 원리로 다시 개선되어왔고, 앞으로도 그럴 것이며, 교육열이 높기 때문에 한국 교육의 미래는 매우 밝다.

창의성은 많은 학습과 많은 지식으로부터 나온다고 생각한다. 창의성이라는 것은 무에서 나오는 것이 아니다. 효율성의 측면으로 볼 때 주입식 교육과 강의식 교육은 장점도 많이 가지고 있다. 40대 초반, 중반인 아버지 세대 사람들이 현재 우리나라의 모든 분야에서 많은 창의성을 발휘하고 있다. 완전히 주입식 교육 세대다. 아버지가 한국의 교육제도 속에서 배운 많은 지식들은 결국 아버지의 사고와 경험과 함께 작용하여 창의성을 발휘하게 한다.

한국 교육의 약점은 대학 교육에 있지 초중고 교육에 있다고 생각하지 않는다. 초중고 교육은 인구수 대비, 시간 대비 최적의 성장을 할 수 있게 해주었다고 생각한다.

한국 성장의 최대의 장점이자 원동력을 애써 단점으로 격하시키지 말고, 계속 지금의 방향으로 발전시켜야 한다.

한국 교육제도의 단점으로 꼽는 학벌 세습, 부의 세습, 계층 이동이 어렵다는 점은 어떻게 제도를 바꿔도 마찬가지의 결과를 가져올

것 같다. 쉽지 않은 문제다. 사실 미국 등 다른 나라는 더 심하고, 한국이 오히려 가능성과 기회가 더 많다고 생각한다.

그리고 많은 제도개선이 있었다. 아버지는 학구보다 부모의 손길을 더 중시한다. 강남에서 교육시키는 것에 오히려 부정적인 견해를 가지고 있다. 영어유치원을 시작으로 초등학교 때부터 고 3 수험생처럼 선행학습 등과 함께 엄청난 시간 투자로 공부를 하지만, 투자 대비 결과는 매우 비효율적이다. 이렇게 하는데도 탈선하는 아이들이 있고, 점수가 낮은 대학을 가거나 대학을 못 가기도 한다. 정서적인 부분이 중요하다.

사람들이 강남을 매우 부러워하고, 강남의 이런 모습을 부러워하는데, 그럴 필요가 없다. 오히려 다른 곳에서 성취감, 성공 연습을 하여 정서적으로 도전적인 사람이 되는 것이 좋은 대학을 가는 것보다 더 중요하다. 스스로 혼자 공부하는 습관을 가지는 것이 학원에서 짜맞추어진 코스대로 지내는 것보다 문제해결 능력을 우월하게 갖춘 사람으로 성장할 가능성이 높다.

학구를 중시하는 사람들은 근거로 인맥을 이야기하는데, 인맥은 그렇게 형성되는 것이 아니다.

초중고 대학이 인맥으로 작용하는 케이스와 종류는 한정적이다. 인맥은 이 밖의 범위에서도, 활용가치가 높고 생각이 좋고 타인의 이득을 존중하는 경우에는 얼마든지 생기게 되어 있다. 인맥은 학맥 바깥에서도 얼마든지 만들 수 있다. 자신이 활용가치가 높고 생각이 좋고 타인의 이득을 존중하는 경우라면 말이다.●

또 다른 근거로, 좋은 부모 밑에서 자란 학생들을 친구로 두게 해주는 것을 든다.

이것보다는 또래 속에서 자신이 우월하다는 자신감이 더 중요하다. 생각, 가치관은 친구에 의해서 형성되는 것이 아니라 부모의 손길에 의해 형성된다. 부모가 많은 대화를 나누고 관심을 가지고 지내면 충분하다.

세상을 살아가면서 많은 부류의 사람들과 만나고 살아가게 되어 있다. 한 집단에서 훌륭한 친구들하고만 대부분을 지내는 것은 크게 도움이 되지 않는다. 어느 집단의 머리였던 사람은 다른 집단에 가도 머리가 될 가능성이 크다. 그런 의미에서 용의 꼬리보다는 닭의 머리로 살아가는 경험이 용의 머리가 되게 할 가능성이 크다.

아버지는 승민이 교육에 있어서 머리가 되는 연습이 용이한 곳, 확률이 큰 곳을 택하련다. 치열한 경쟁 속에 혹시나 자아형성 과정 중에 스스로 부족하다고 생각할 위험, 인정받지 못한다고 생각할 위

● '진짜 인맥 만드는 법'에 관한 얘기는 176쪽을 참고하길 바란다.

험을 감수하게 하는 도박을 하고 싶지 않다.

아버지는 학구와 학벌의 유의미한 상관관계를 뽑아내지 못하였다. 좋은 학구에 있는 학생들이 좋은 대학에 진학하는 비율이 높은 점은, 많은 교육적 투자가 되는 편이고 우수한 부모님을 가진 학생들이 많아서가 원인이라고 생각할 뿐이며, 그런 좋은 여건 대비 결과는 비효율적이라고 생각한다.

결과가 점수가 낮은 대학으로 나타나든 좋은 대학으로 나타나든 그것은 중요하지 않다. 아버지가 오로지 얻게 해주고 싶은 것은 성취감과 자신감이다. 이것이 인생의 문제들을 다루는 데에 학벌보다 더 중요하다고 생각하며, 인정받으며 자라서 보다 많은 행복이 쌓여서 에너지와 따뜻한 감정이 충만한 사람으로 성장하게 하고 싶다.

지금 아버지가 하고 있는 이야기들은 승민이가 자식을 교육시킬 때 참고하고, 승민이의 자라온 환경을 돌이켜 생각해보기 바란다.

그때 지금 아버지의 생각이 맞으면 적용하면 되고, 틀리면 승민이 생각을 따르면 된다.

하지만 아버지는 아버지의 생각을 확신한다. 그리고 아버지와 어머니의 손길은 승민이의 학벌도 좋게 해주는 결과를 가져올지도 모르겠다. 물론 학벌은 상관없기는 하지만……

·

아버지가 오로지 얻게 해주고 싶은 것은
성취감과 자신감이다.
이것이 인생의 문제들을 다루는 데에
학벌보다 더 중요하다.

·

아버지의 실수,
후회하는 것들

유아기 때 많은 것이 결정된다.

아버지는 승민이가 17개월 되었을 때, 착각을 하고 실수를 하였다. 아버지의 생각을 들어보고, 같은 실수를 하지 않기를 바란다.

원래 집으로 오셔서 승민이를 봐주는 분이 계셨는데, 사회성 발달을 목적으로 어린이집에 보내게 되었다. 믿을 만한 지인이 운영하는 평판이 좋은 어린이집이었다. 그러나 20일 만에 원래의 상태로 되돌리는 결정을 하게 되었다.

아버지가 내린 결론은 다음과 같다.

어머니 한 사람이 아이를 돌보는 것이 가장 바람직하며, 그것이 불가능할 때는 차선책으로 교사 대 아동 수가 적어야 한다. 나중에 유치원을 보낼 때도 이 부분을 중시했다.

이 시기는 '교육'이라는 단어보다는 '보육'이라는 단어를 쓴다. 말도 잘 못하고 원초적 본능에 의해 살아갈 때이므로, 또래들끼리 서로 잘못하지 않았는데 잘못을 하게 되는 상황이 벌어진다. 소유의 개념이 생기기 전에 나눔을 강요받는다. 그래서 많이 싸우고 운다. 충분히 소유해봐야 더 나누는 사람이 된다. 이때는 일어나는 욕구를 충분히 충족시켜주는 것이 가장 필요하다.

집에는 승민이가 소유한 장난감들이 늘 배치되어 있어서 언제나 혼자 누릴 수 있는 환경이 더 안정적이라고 판단했다.

많이 자야 한다. 잘 먹어야 한다. 정서적으로 안정감을 느끼는 것이 절대적으로 중요하다. 하고 싶은 것을 마음껏 하고, 보이는 것을 만지고 가지고 하는 등 충분한 욕구 충족에 초점이 맞추어져야 한다.

그러나 한 명의 선생님이 열몇 명을 돌보는 상황에서는 충분한 손길이 불가능하다. 집단에서 교육받는 환경에 조금 천천히 노출될수록 좋다고 생각한다. 잘 안 울던 승민이는 이 20일 동안 매우 잘 울었고, 공격적인 성향을 보였다.

면역력이 약한 시기이므로 집단생활에 단점이 있었다. 한 명이 감기에 걸리면 집단의 모든 아동이 감기에 걸리게 되었다. 그래서 단 하루도 아프지 않은 날이 없었다.

승민아, 나중에 너의 아이가 태어나면 이 시기에 일어나는 욕구는 최대한 충족시켜주겠다는 마음을 먹어라.

덕분에 아버지는 퇴근하자마자 승민이가 잘 때까지 너무 신나게, 너무 많이 웃게 해주느라 승민이와 여러 가지 추억을 공유하게 되었다. 그리고 그 추억은 아버지를 행복하게 해주는 자산이다. 승민이에게 가장 오래된 기억이, 아버지가 승민이 목말 태워서 천정의 스프링쿨러를 만지게 해주던 것이라는 점이 흐뭇하다.

유아기 때 정서적으로 안정되고 욕구가 충분히 충족되면 호기심이 충만하게 되고, 그것이 계속 이어져 적극적이고 진취적인 사람으로 커간다. 승민이가 지금 어떤 일에도 적극적으로 도전하는 것은 이때 다 결정되었다고 생각한다.

승민이도 나중에 적용해보기를 바란다.

영어 공부에는
전략이 필요하다

   영어는 많이 듣고 많이 읽고 많이 쓰고 많이 말하면 잘하게 되어 있다. 하지만 우리나라는 모국어 습득 방식으로는 힘든 환경이다. 그리고 입시제도하에서 영어에만 시간을 할애할 수도 없다.

영어 학습에는 전략이 필요하다.

   우리나라와 같은 EFL* 환경에서, 영어를 모국어로 쓰거나 제2언어로 쓰는 환경의 사람들처럼 하기는 정말 어렵다. 그리고 그럴 필요도 없다. 왜냐하면 동시통역사란 직업을 제외하고는, 영어 하나만

---

* EFL : English as a Foreign Language. 영어를 외국어로 쓰는 환경.

으로는 완벽한 직업을 얻기 힘들기 때문이다.

자신만의 전문분야가 있고 영어를 잘하면 좋다. 전문적인 주(主) 분야가 있을 때 영어는 주(主)를 돋보이게 하는 부(部)가 되고 하나의 무기가 된다.

이렇듯 영어 자체가 목적이 될 수는 없다. 그리고 시간과 에너지도 한정이 되어 있다. 그렇기 때문에 영어 공부를 할 때는 전략이 필요하다.

이때 전략은 내가 필요로 하는 영어의 분야를 나눈 후, 자신이 목적으로 두는 분야의 실력에 맞게 최소의 시간과 에너지로 도달하는 작전을 말하는 것이다.

그러면 분야별 전략을 간단히 얘기해주겠다.

1. 토익, 토플 점수 올리는 전략

토익과 토플을 공부하는 사람들 중 대다수가 엄청난 시행착오와 오류를 범한다. 사실 고 2 정도의 영어 능력만 있으면 적게는 3개월에서 6개월 내에 아주 높은 점수를 낼 수 있다. 몇 년이 지나도 점수를 못 내는 이유는 토익, 토플에 맞는 전략으로 공부하는 것이 아니라 그냥 영어 공부를 하고 있기 때문이다. 비유를 하자면, 제주도를 갈 때 공항까지 차를 타고 간 후 비행기 타고 제주도에 가면 될 것을, 서울부터 걸어서 제주도까지 가는 큰 오류를 범하는 것이다.

토플 학원을 등록하고, 가고 오는 시간을 한 시간 이상씩 소모하면서, 교재의 맨 앞 부분인 '명사 편'만 세월아 네월아 공부한다. 그리고 막상 시험장에 가면 시간도 부족하고 알쏭달쏭한 상태에서 실력을 2%도 발휘하지 못한다. 결국 낙담만 하다가 중도에 포기하는 일이 많다.

아버지가 쓴 다음과 같은 방법을 적용해보렴. 아버지의 대학 동기들, 후배들 모두 3개월 내에 원하는 점수를 얻은 방법이다.

1. 듣기가 포함된 토익 1회 분의 문제를 사서, 시간을 재고 풀어본다.(검정 볼펜으로)
2. 이번엔 아주 천천히 몇 시간이 걸리든 여러 번 들으며 파란 볼펜으로 답을 달아가며 풀어본다.
3. 다시 사전을 찾아가며 뜻을 달아가며, 빨간 볼펜으로 여러 번 들으며 문제를 풀어본다.
4. 셋 다 채점을 해본다. 검정 펜 점수가 진짜 점수이고 파랑 펜, 빨강 펜 점수는 곧 받을 수 있는 점수다.
5. 해설서와 문법책을 동원하여 오답노트를 작성해나간다.

이 과정을 한 번 할 때마다 수십 점 이상의 점수가 상승할 것이다. 반복하다 보면 최단기간 내에 목표점수에 도달하게 될 것이다.

그 이유는, 시험문제를 낼 때 출제자는 기출문제를 참고하지 않을 수 없다. 내가 내는 문제들이 유형이나 경향에 동떨어져서 변별력이 없는 황당한 문제가 되게 하고 싶지 않기 때문이다.

토플 점수를 잘 받기 위해서 영어의 모든 것을 다 알 필요는 없다. 영어가 모국어인 사람들도 토익 토플 문제를 풀면 학력에 따라 많이 틀리기도 한다.

한국인도 실력이 아무리 뛰어나도, 제한시간 안에 푸는 스킬이 부족하면 점수가 나오지 않는다. 반대로 고 2 수준의 영어 실력만 되더라도, 스킬에 따라 금방 고득점을 올릴 수도 있다. **유형에 익숙하기 때문이다.**

승민이는 공부할 때 명사 편만 반복 공부하다가 많은 시간을 허비하고 저득점에 자신감을 잃고 중도포기하지 않기를 간절히 바란다.

2. 스피킹에 대한 전략

대부분 사람들이 스피킹에 실패하는 이유는 **관용어구 위주로 영어회화 공부를 하기 때문이다.**

예를 들어 "자라 보고 놀란 가슴 솥뚜껑 보고 놀란다"는 말을 "Once bitten and twice shy" 이런 식으로 암기하면, 머릿속에는 골격이 없기 때문에 막상 말하려 하면 입이 얼고 전혀 생각이 나지 않을 것이다.

이 방법은 원리를 공부하지 않고 '2 + 2 = 4, 3 × 7 = 21'을 외우듯 연계성 없이 암기하는 것과 같다.

이 방법은 ESL* 환경이나 영어가 모국어인 상황에서 가능하다. 즉 모국어의 습득 원리처럼 영어에 장시간 동안 일상에서 노출되어 생활할 때나 가능한 방법이다.

우리나라에서 영어 공부를 할 때, 즉 의도하지 않으면 영어에 노출되지 않는 상황에서는 **문법을 통해 뼈대(Structure)를 잡고 전략적으로 살을 붙여나가는 노력이 적합하다.**

스피킹은 중 3 정도의 문법 실력만 있으면, 원하는 말을 자유자재로 구사할 수 있다.

아버지는 대학교 1학년 여름방학 직전에 영어를 한마디도 못하다가, 여름방학이 끝난 후 영어를 자유자재로 구사할 수 있었다. 물론 고급영어는 아니었지만, 이것을 토대로 살을 붙여나갈 수 있었다. 즉 뼈대가 잡힌 후에 단어나 구문 학습을 보충하였고, 스피킹이 되자 Input을 얻을 수 있는 상황을 더 자주 접할 수 있게 되었다. 즉 외국인과 소통할 기회가 늘어난 것도 뼈대가 잡혔기 때문이었다. 고급영어나 관용어는 먼저가 아니다.

* ESL : English as a Second Language. 모국어 외에 제2언어로서 영어를 쓰는 환경.

아버지가 쓴 방법은 3주 동안 중 3 수준의 문법책 한 권을 가지고 힌트를 얻어가면서 머릿속으로 영작하는 연습이었다.

아버지가 썼던 교재는《성문 기초 영문법》,《영어 실력 기초》(안현필 지음)였다. 그때 영어로 토론하는 스터디그룹을 동기들과 만든 후 주제를 정하고, 전날 머리로 영작하는 연습을 한 후 스터디에 나가서 더듬더듬 말하는 연습을 했던 것이다.

처음엔 더듬거리지만, 몇 번 말하다 보면 자동화되어서 점차 속도가 빨라지고, 3주 정도 지나니 한국어로 말하는 것과 큰 차이가 없게 되었다.

예를 들어 본조비의 노래 〈Always〉의 가사를 한번 살펴보면, 그 안에 어려운 문법은 없다. 모두 5형식 문장들이고 거의 다 문장의 연장을 관계대명사나 관계형용사를 사용한다. 기껏해야 to부정사나 분사 등이 활용되었다.

그러니 의미 있게 머릿속에 구조화되는 작업을 하여야 한다.

예를 들어 '세계에서 사용하는 영어를 공부하는 것은 중요하다'를 영작하려 하면 갑자기 떠오르지 않는다. 하지만 가장 쉽고 얇은 문법책 한 권을 가지고 거기에 설명된 의문문, 부정문, to부정사, 관계대명사를 하나하나 머릿속으로 영작하는 연습을 하다 보면 '아! It으로 시작하여 to부정사를 쓰면 되겠구나' 하고 순식간에 생각이 나게 된다.

* 이것은 중요하다 → It is important.
* 영어를 공부하는 것은 중요하다 → It is important to study English.
* 세계에서 사용하는 영어를 공부하는 것은 중요하다. → It is important to study English which is used all over the world.

이런 식으로 구조를 가지고 확장하는 연습을 하다 보면 정말 빠른 속도로 스피킹 능력이 는다.

관용어구를 암기하면 새로운 문장을 창조할 수 없지만, 문법을 바탕으로 골격에 살을 붙여나가면 한 번도 안 써본 문장이라 해도 순발력 있게 창조해내는 능력이 생긴다. 우리가 '78 + 36'의 답을 외우지 않아도 답을 아는 능력을 갖는 것과 같은 원리다.

이후에 관용어구와 단어 숙어로 살을 붙여나가면 된다. 하지만 뼈대 없이 관용어구 위주로 회화 공부를 하는 것은 잘못된 순서다.

3. 리스닝에 대한 전략

솔직히 리스닝은 지름길이 가장 없는 편이다. 많이 듣는 방법뿐이고 가장 오랜 학습 시간을 필요로 하는 분야다.

파닉스(Phonics, 발음 중심 어학 교수법)가 리스닝 공부에 꼭 필요하다. **팝송 한 곡을 가수와 완전히 똑같은 발음으로 부르는 연습을**

해보는 것이 파닉스 체계를 가장 빨리 잡는 비결이라고 생각한다.

한 곡을 똑같이 부르는 과정에서, 오랫동안 공부해야 할 음성학의 모든 것이 동원된다.

'아니, 왜 스타라고 안하고 스딸 이러지? 엘이 어 발음이 나네? 연음 장난 아니군' 등등 자연스럽게 발음을 익히게 된다. 음성학을 접하기 전에 팝송 한 곡을 접하면 엄청나게 용이하다.

슈와사운드(Schwa sound), 기식음, 연음 등 음성학을 연역식으로 공부하다가 지쳐서 나가떨어질 수 있으니, 재미있는 팝송 하나로 접근하는 것이 좋다.

아버지가 실험한 결과 많은 사람들에게 사랑받고 있는 곡들을 통해 파닉스를 공부하는 게 가장 효과적이었다. 좋은 노래로 수업한 시간들은 평생의 추억으로 남는다. 여기서 더 나아가서 리스닝을 제대로 하고 싶다면 뉴스 딕테이션(News dictaion) 지문을 반복적으로 듣고 안 들리는 단어의 경우 스펠링과 발음기호를 확인해나가면서 전체 문맥을 파악하면 더 좋다.

- Schwa sound : 슈와(Schwa)는 영어에서 가장 자주 쓰이는 발음의 이름이다. 약하고 강세 없는 발음으로 많은 단어에서 쓰인다. 발음기호는 'ə'다.
- News dictation : 리스닝을 위한 대표적 공부법. 뉴스를 듣고 따라 쓰기를 하는 것을 말한다.

4. 수능 독해에 대한 전략(1번과 동일)

1. 독해문제집을 시간을 재고 풀어본다.(검정 볼펜으로)
2. 이번엔 아주 천천히 몇 시간이 걸리든 여러 번 읽으며 파란 볼펜으로 답을 달아가며 풀어본다.
3. 다시 사전을 이용하여 뜻을 달아가며 빨간 볼펜으로 여러 번 들으며 문제를 풀어본다.
4. 셋 다 채점을 해본다. 검정 펜 점수가 진짜 점수이고 파랑, 빨강 펜 점수는 노력하면 금방 달성할 수 있는 점수다.
5. 해설서와 문법책을 동원하여 오답노트를 작성해나간다.

수능 독해라는 것은 문제 푸는 기술적 능력을 포함하고 있기 때문에 아무리 실력이 좋아도 점수가 안 나올 수도 있다. 시간을 재고 푸는 연습이 반드시 필요하다.

뇌는 처음부터 좌뇌와 우뇌가 기능을 나누어 가진 것이 아니다. 처음에는 좌뇌와 우뇌의 구분이 없다가 2세 전후부터 사춘기까지 걸쳐 분화되면서 기능이 나뉜다.

이것을 반구편중화 현상(Lateralization, 대뇌의 좌우 기능 분화)이라고 한다.

이 시기에 영어 학습을 하면 매우 쉽게 영어를 터득한다는 것이 '결정적 시기 가설'*이다.

학자마다 논란이 있지만, 특히 발음 면에 있어서는 대부분 학자들이 동의한다.

사실 발음은 리스닝에도 지대한 영향을 미친다. 리스닝이 영어 공부에서 많은 시간을 차지하기 때문에 중요하다.

승민이는 영어에 있어서 화석화(Fosilization)되었다. 이것을 파닉스에 초점을 맞추어 극복했으면 좋겠다. 극복하는 데에는 뉴스 딕테이션을 하면서 똑같이 발음해보려 노력하는 것이 좋다. 발음은 리스닝에도 좋은 영향을 미칠 것이다.

마지막으로, 영어는 작은 도구이자 무기일 뿐이다. 동시통역사가 될 목적이 아니라면, 너무 스트레스 받지 말고 필요한 전략적 목표를 세우고 그에 맞는 정도만 도달하면 된다고 생각한다.

그리고 무엇보다 중요한 요소는 정서적인(Affective) 요소다.
'영어는 만만한 것이다', '나는 영어를 잘한다'라는 생각만 가지면, 시간이 해결해준다. 이를 뒷받침하는 이론은 영어 교수법 전공서적에 무수히 많이 나열되어 있다. Affective Filter를 줄이고, Risk-

● 결정적 시기 가설 : Critical Period Hypothesis. 언어를 습득할 수 있는 생물학적 나이가 결정되는 시기가 있다는 가설. 이 가설 때문에 영어 학습이 저학년으로 내려오고 있다. 하지만 이 가설에 대한 반론도 계속 나오고 있다.

taking, Self-esteem을 높이고 하는 등 어려운 말들이 이 한 문장에 포함되어 있다.

"영어는 만만하고 재미있는 것이다."

공부, 인성, 행복의 삼각관계

아버지가 오랜 기간 교육 상담을 해오면서 가장 많이 반복해서 언급한 사례를 중심으로 얘기해보겠다.

다음은 학력과 지적 수준, 사회적 지위가 높은 부모님과 자녀가 둘인 가정의 상담 사례다.

이 가정은 아빠와 엄마의 교육관이 상반되었다. 아빠의 교육관은 초등학교 시절은 그냥 즐겁게 놀고, 중학교 들어가 공부를 시키자는 것이었다. 엄마의 교육관은 반대였다.

첫째는 아빠의 교육관이 이겨서 그렇게 키웠다. 하지만 나중에 둘째는 엄마의 교육관으로 키우게 된다. 상담 당시 첫째는 5학년이었고 둘째는 2학년이었다.

"첫째는 무엇을 하든 간에 귀찮아하고, 괴로워하고, 노력은 많이 하나 성적이 나오지 않아 걱정이다. 아빠가 등산을 함께 하는 등 인내심을 키워주려 노력하여 인내심은 꽤 많은 것 같은데, 항상 힘들어한다. 둘째는 무엇을 하든 적극적이고, 욕심이 많고, 피아노 대회도 입상하고, 영어도 오빠를 가르치는 수준이다. 첫째가 아들이라 더 기대가 큰 편인데 어쩌면 좋은가?"

물론 세상 모든 사람들이 공부에 소질이 있는 것은 아니다. 그리고 학자로 성공시키는 것을 목표로 하여 키울 필요도 없다.

무엇보다도 학벌은 인생을 살아가면서 아주 약간의 기회를 더 가지게 할 뿐이다. 실제로 인생 전반에 결정적인 영향을 주지는 않는다.

하지만 위의 사례에서 우리가 의미 있게 받아들여야 할 내용은 정서적(Affective) 측면이다.

공부만이 아니라 모든 분야에서 능력을 발휘하는 데에 용기, 도전, 흥미, 자신감과 같은 정서적, 감정적인 측면이 결정적인 영향을 미친다.

예를 들어 수학 선생님을 좋아해서 수학을 잘하게 되는 경우가 많다. 칭찬 하나에 인생이 바뀌기도 한다. 내가 또래보다 잘하고 있다는 느낌으로 더 도전하게 되고 흥미를 가지게 되기도 한다. 이처럼 공부를 했더니 흥미가 생기기도 한다. 꼭 흥미가 먼저 생겨야만 공부를 하려고 덤벼드는 것은 아니다.
　이런 측면에서 공부는 성취감과 같은 정서적인 면이 매우 중요하다.

　위의 사례에서 오빠의 경우는 스스로 흥미가 생겨서 공부를 적극적으로 하기를 기다리고 마음껏 놀게 했지만, 정작 또래 사이에서 성취감을 느끼지 못했다. 설상가상으로 내가 또래보다 못하다는 것을 반복해서 느끼다 보니 공부를 포함한 다른 분야까지 괴롭고 귀찮은 상태가 되었다.
　이러한 학생이 나중에 반전이 생겨 일취월장하여 공부에서 성공하는 경우도 있다. 하지만 그 조건은 어렸을 때부터 책을 좋아했고, 책을 읽는 습관이 갖춰진 상태인 것이 반드시 전제되어야 한다. 책 읽기 자체가 모든 과목의 전이효과가 커서 나중에 치고 나가는 폭이 크다.

　승민이도 나중에 자녀에게 아버지가 했던 방식을 써보면 좋겠다.
　승민이 어머니는 승민이가 스스로 책을 잡을 때까지 계속해서 책을 읽어줘서 책은 재밌는 것이라는 것을 인식시켰다.
　놀이와 공부가 구분이 안 되는 유치원 때 영어, 수학, 체육, 바이올린, 피아노 등을 접하게 하였다. 승민이는 어머니가 퇴근할 때까지 이 수업을 받았는데, 이런 수업을 노는 것이라고 생각했다.

이것이 4학년까지 이어졌고, 4학년 때 처음으로 승민이가 어머니에게 학습량이 너무 많다고 불평을 하기 시작했다. 그래서 그때 대폭 줄이고 스스로 공부할 선택권을 준 것이다.

4학년까지는 승민이가 노는 것인지 공부하는 것인지 몰랐기 때문에, 한 과목을 빼려고 해도 빼지 말라고 했던 것이다. 태권도 수업 도중에 너를 빼내서 외식을 했을 때 태권도장에서 못 놀았다고 울었을 정도니까.

그리고 승민이가 이렇게 이야기했지.

"다른 애들은 공부를 많이 하는 것을 힘들어해요. 저는 하나도 안 힘든데."

실제로 초등학교 6학년 한 반의 상황을 보면, 학습 능력이나 습관의 차이가 최대 5년의 차이를 만드는 것을 보았다. 어떤 아동은 수업하는 것을 만화영화 보듯이 편하게 즐겁게 하지만, 어떤 아동은 국어책 한 줄 따라 쓰는 것도 너무 힘들어하고, 수학책 한 문제 푸는 것도 고통스러워할 정도로 큰 차이가 난단다.

아버지가 생각하기에 공부는 정서적인 요소가 중요하고, 정서적인 면은 유아기 때 많은 부분이 결정된다. 그리고 무엇보다도 성장하면서 또래에서 내가 잘한다는 느낌을 경험하는 게 매우 중요하다.

아버지는 강남의 한 고등학교의 대학 진학 결과를 본 적이 있다.

중학교 때 각 지역에서 전교 1등을 하거나 강남 지역에서 우수한 성적을 냈던 학생들이 모인다는 곳이다. 하지만 진학 결과는 참담했다.

학생 구성원들만 봤을 때는 모두가 일류대를 가야 할 것 같았다. 하지만 매우 적은 비율만 일류대를 갔다. 내신의 영향도 있겠지만 내신만으로는 설명의 근거가 부족했다.

투자 대비 수능 점수 결과 자체가 매우 비효율적이다. 선행학습도 하고, 고등학교 3학년 입시생을 방불케 할 정도로 중학교 생활을 했던 학생들임을 감안해보면 그렇다는 것이다.

자신이 최고라고 생각했던 자신감에 비해 너무 뛰어난 동료들의 모습을 보니 정서적인 부작용을 가져왔을 것임에 틀림없다고 아버지는 생각한다.

얼마 전 아버지는 아버지 친구들과 스크린 골프를 치러 갔다. 모두 처음 골프채를 잡았는데, 갈 때마다 순위가 정해졌다. 모두 다 엉터리이고 못하는데도, 높은 순위를 많이 했던 친구들은 골프에 흥미를 느껴서 계속하게 되고 잘하게 되었다. 하지만 낮은 순위를 했던 친구들은 골프에 흥미를 못 느끼고 아예 중단하게 되었다.

스스로 책을 읽고 스스로 공부하는 습관은 학교 성적에만 연관이 있는 게 아니다. 인성과 행복과도 밀접한 연관이 있다.

하고 싶은 일을 하며 사는 인생은 너무나도 매력적이다. 하지만 누구나 갖고 싶은 직업은 경쟁이 매우 치열하다. 교대에 가야 교사

'하기 싫은 일을 참고 하는 능력'
이 능력이 갖춰져 있으면
앞으로 살면서 평생 주어질 책임과 의무와 고통으로부터
조금 더 자유로울 수 있다.

가 되고 의대에 가야 의사가 되듯이, 대학 입학을 통해 어느 정도 가려진다. 청소년기에는 평생 하고 싶은 일을 하며 살기 위해서 하기 싫은 일을 참고 하는 게 필요하다. 또한 하기 싫은 일을 참고 하는 연습은 나중에 나 자신을 행복하게 해주는 능력을 준다.

모든 종교에서 말하는 행복할 수 있는 능력, EQ˙의 공통점 등을 간단히 한 문장으로 말하면 다음과 같다.

"하기 싫은 일을 참고 하는 능력"

이것은 똑같은 상황에 놓여 있어도 이런 능력이 있는 사람은 행복하고, 그렇지 못하면 무척 짜증스럽고 고통스러워한다.

이 능력이 갖춰져 있으면 앞으로 살면서 평생 주어질 책임과 의무와 고통으로부터 조금 더 자유로울 수 있다.

그러므로 인성교육의 일환으로, 행복을 연습하기 위한 도구의 측면으로 볼 때라도, 이런 수양과 연습의 차원에서 공부를 어느 정도는 해야 한다.

●   EQ : Emotional Quotient. 감성지수. 지능지수(IQ)와 달리 마음의 지수다. 심리학 저술가 대니얼 골맨(Daniel Goleman)이 제시하면서 대중화되었다.

모든 종교가
공통적으로 이야기한다

    유교에서 극기, 충, 효, 삼가는 태도, 불교에서 욕심을 버리는 것, 기독교에서 나를 버리고 예수님을 따르는 것 등, 이 모두가 '하기 싫은 일을 참고 하는 능력'과 밀접한 관계가 있다.
    이런 능력은 행복과 밀접한 관계가 있으며, 한 인생의 성공과도 긴밀한 관계가 있다. 성공의 의미가 저마다 다르겠지만, 꼭 공부로 성공하고 학자로 성공하지 않더라도 이 능력은 필요하다.
    예를 들어 요리사가 되어 요리를 귀찮아하지 않고 기쁨을 느끼며 자신의 능력을 충분히 발휘하며 행복하게 지내는 것이, 하루하루 자신의 처지를 괴로워하는 대통령보다 성공이라 할 수 있을지 모른다.

평생 하고 싶은 일을 하면서 사는 인생이 가장 행복한 인생이다. 하지만 평생 살아갈 무기를 준비하는 청소년기에는 하기 싫은 일을 참고 하는 연습을 할 필요가 있다.

이 연습은 정서적인 것에 부작용이 나지 않도록 전략적으로 행해져야 하며, 이 연습이 잘되면 경쟁력이 있는 사람이 되기 때문에, 오히려 평생 하고 싶은 일만 하면서 살 수 있게 될 가능성이 커진다.

이런 능력은 학생 시절 공부를 통해 충분히 연습할 수 있다.

공부란 '나중에 책임과 의무의 고통으로부터 자유롭기 위하여 하기 싫은 일을 참고 하는 연습'이라고 봐야 한다. 초등학교 시절이라 해서 마음껏 놀게 하는 것에 중점을 두는 것도 좋지만, 하기 싫어도 스스로 자신을 컨트롤하는 연습은, 나중에 같은 상황에서 보다 행복한 삶을 살 수 있도록 도와주는 역할을 한다.

지금 마음껏 놀기만 하는 자녀가 평생 영원히 그렇게 지낼 수 있다면 그렇게 놔두는 게 좋겠지만, **곧 다가올 책임과 의무로부터 수월하게 살고 힘들어하지 않게 하려면, 연습을 시키는 것이 자녀를 좀더 깊이 있게 위하는 것이다.**

조금만 계획적으로 전략적으로 자녀를 이끌면 자녀가 피아노를 쳐도, 영어 공부를 해도, 독서록을 써도, 수학 익힘책을 풀어도, 태권도를 해도 모든 것이 재미있게 노는 놀이의 한 과정이라고 생각하게 할 수 있다.

그렇게 된다면 사고를 깊이 있게 할 수 있는 나이가 되어서 가치관이 정립되었을 때 더 쉽게 치고 나갈 수 있다.

꼭 공부로 성공하게 하기 위해서가 아니라, 능력 발휘를 마음껏 하고 살게 하기 위해서 공부가 연습하는 도구가 될 수 있다.

여섯 번째 편지

돈의 노예로 살지 않으려면
돈과의 약속이 필요하다
—

최종소비자의 반대편에 설수록 돈을 번다
—

진짜 실력, 진짜 인맥 만들기
—

'그냥 열심히' 말고, '사고의 열심히'가 중요해
—

직업은 귀천이 없지만 잘 선택해야 한다
—

부자가 부의 시스템을 만드는 법
—

사업, 푼돈 벌다 목돈 날리지 않으려면?
—

자본주의
사회에서
노예가 되지
않으려면

돈의 노예로 살지 않으려면
돈과의 약속이 필요하다

    승민이가 가진 직업이 열정을 불러일으키고, 일할 때 행복하고, 가치와 의미를 지니고, 건강에 위배되지 않으며, 가족과 보내는 시간이나 삶의 질을 높인다면 승민이는 돈을 아예 잊고 살아도 된다.
    아버지는 사실 승민이가 그렇게 살아가길 바란다. 이런 직업은 정말 귀한 직업이다.

    아버지가 승민이에게 가장 바라는 것 중의 하나는 돈의 노예로 살지 않는 것이다. 세상에는 부자가 되어도 돈에 얽매여 사는 사람이 많다. 부자라 해서 백퍼센트 돈의 노예가 되지 않거나, 돈을 지배할 수 있는 것도 아니다.

오히려 돈을 추구하다 보면 돈에 더 얽매이게 된다. 더 많은 돈을 원하게 되기 때문이다. 승민이는 제발 그렇게 되지 않기를 바란다.

많은 사람들이 그렇게 사는 이유는 욕망의 근본적 속성 때문이다. 이미 채워진 욕구는 더 이상 의미가 없어지고 당연시 여겨진다. 그래서 그보다 더한 욕구를 갈구하게 되어 있다.

오픈마켓 G마켓이 2012년 '대국민 공감 설문조사'를 진행한 적이 있다. 2만 3,047명의 네티즌이 돈에 대한 다양한 바람을 드러냈다. "100억원이 생기면 가장 하고 싶은 일"에 대한 질문에서 남녀와 세대를 불문하고 '내 집 마련'을 1위로 꼽았고, 30대부터 60대 이상까지는 '재테크'를 2위로 꼽았다.

100억원이 생겼으니 가족이 넉넉하게 살 만한 집 한 채 장만하는 것은 문제가 아닐 것이다. 주목할 부분은 그다음에 선택한 '재테크'란 답변이다. 많은 사람들이 100억원이나 생겼음에도 불구하고 재테크가 하고 싶단다.

돈에 지배받는 인생이 되지 않으려면, 돈에 대한 깊은 통찰력과 바람직한 가치관이 반드시 확립되어야 한다.

부를 추구할 때 먼저 상한선을 정해놓고, 달성이 되면 절대로 더 이상 추구하지 않겠다는 약속을 꼭 해야 한다.

이 약속은 지키는 사람이 거의 없을 정도로 정말로 힘든 약속이다. 그렇다고 상한선에 달성한 이후에 일부러 돈을 벌지 말라는 얘기는 아니다.

달성이 된 후에 자유를 최우선으로 선택하고, 하고 싶은 일을 하면서 만나고 싶은 사람만 만나며 살라는 것이지, 자유를 선택한 상태에서 더 벌게 되는 돈을 애써 막으라는 뜻은 아니다. 자유로운 삶에 위배되지 않는다는 전제하에서 들어오는 돈이라면 괜찮다.

주변을 살펴보면 돈이 정말로 많은 사람이 평생 돈만 추구하면서 돈의 노예로 살아가는 경우가 너무 많다. 돈이 충분해도 권력욕이나 명예욕 같은 것으로 변질되면서 계속 추구한다.

아버지의 지인 중에 엄청난 부를 가지고도, 딸이 더 좋은 대학에 들어가는 대신 장학금을 주는 대학을 선택한 것에 대해 너무 기뻐하며 자랑하는 분이 있었다. 정말 충격적이었다.

승민이 할머니가 가시는 모임의 회원 분들 얘기를 들어보면, 뷔페의 음식을 싸가기도 하고, 밥값을 안 내려고 서로 싸우기도 하고, 회식 때는 1인분 값만 내고 2인분을 먹기도 하는 등 눈살이 찌푸려지는 일이 많았다. 더 충격적인 것은 이분들 대부분이 엄청난 부자라는 것이다.

이런 현상은 돈에 대한 고찰이 충분하지 못해서 생긴다.

자신이 가진 것에 대해 누릴 수 있어야 행복한 인생인데 돈의 액수에 매몰되어 그러지 못한다.

또 어떤 분은 토지보상으로 엄청난 돈을 현금으로 가지게 되었지만 은행에 고스란히 넣어두고서 세상의 고통은 다 짊어진 사람처럼 살아간다.

그 돈은 어차피 자신이 살아 있는 동안에 아무리 다 써도 절대로 쓸 수 없다. 그럼에도 불구하고, 조금의 돈이라도 사라져서 자산이 축소될까 봐 너무 힘들어하며 산다.

이런 경우를 피하려면, 아버지처럼 수익률이 좋은 건물을 소유하고 있는 것이 좋다고 본다. 인플레이션이나 경제성장률에 맞게 전월세 상승 등의 이유로 원금도 상승하면서 매월 얼마가 나오는 배당형 부동산이 좋다.

매월 나오는 돈도 시대에 맞게 상승해서 나오게 된다. 매월 나오는 돈은 따로 저축하지 않고 다 누리고 살아도 된다. 자산의 축소를 걱정할 필요도 없다.

승민아, 아버지는 네가 돈을 신경 쓰지 않아도 되는 행복한 직업을 얻으면 좋겠다. 만약 그러지 못해서 돈을 추구해야 한다면 돈과 약속을 하고 꼭 지켜서, 평생 돈의 노예로 살기보다는 돈을 지배하면서 살길 바란다.

그래서 돈을 우정으로 환산하고, 효도로 환산하고, 사회적 기여로 환산하는 등 돈의 가치를 나누고 누리며 살기를 바란다.

정리해서 이야기하겠다. 아버지가 서른 살 때 가졌던 돈에 대한 네 가지 전략을 참고하기 바란다.

하나 : 돈의 액수에 목표를 두지 말고, 월별 액수에 목표를 두자.
(월별 액수 : 생계유지를 위해 일을 하지 않고 하고 싶은 일을 해도 들어올 수 있는 돈)
둘 : 타인의 이목에 관련된 소비를 멈추자.
셋 : 목표가 달성되면 더 이상 추구하지 않겠다는 약속을 하자.
넷 : 월별 액수의 목표를 월 지출과 비교하여 현실적으로 잡자.
(그래야 하고 싶은 일을 하며 살 수 있는 자유가 일찍 온다. 너무 높게 잡으면 늦게 오거나 안 올 수도 있다)

돈을 추구하다 보면 돈에 더 얽매이게 된다.
이는 욕망의 근본적 속성 때문이다.
이미 채워진 욕구는 더 이상
의미가 없어지고 당연시 여겨진다.
그래서 그보다 더한 욕구를 갈구하게 되어 있다.

최종소비자의 반대편에 설수록
돈을 번다

가장 중요한 것! 재테크 책이나 아버지의 방식을 너의 시대에 답습하려 하지 말고 응용을 해야 한다.

분석력을 갖추고 창의력을 발휘하여 승민이에게 맞게 소화된 실력만이 현실에서 제대로 효과를 발휘할 수 있다.

아버지는 도시의 성장 과정에서 많은 사람들이 부를 얻는 것을 보았다. 아버지의 시대에는 크고 작은 택지지구나 신도시들이 생겨났고 현재도 생겨날 계획에 있다.

아버지는 이 과정을 자세히 관찰하였다. 최초에 땅을 분양받은 사람이 시간이 흐른 뒤 높은 가격에 팔고, 그것을 산 사람이 또 높은 가격에 팔고, 그것을 산 사람이 건축하고 또 높은 가격에 팔고, 그것을 가지고 있는 사람이 전세 월세 상승으로 인해 더 높은 가격에 파는 과정을 볼 수 있었다.

아버지는 생각했다. **최종소비자의 반대편에 설수록 많은 돈을 벌 수 있다는 점. 그리고 임대받는 자나 분양받는 자의 돈이 임대해주는 자나 분양해주는 자에게 흘러들어가는 구조도 파악하였다.**

그리고 분양하는 편에 서는 것이 반드시 돈이 많아야만 가능한 게 아니라는 것도 알게 되었다. 많은 건물주들을 만나보았고, 실제로 그 건물에 많은 돈이 묶인 상태가 아닌 것을 알았다. 어떤 건물주는 전세금 상승으로 투자한 돈이 다 회수되었다고 자랑하기도 하였다.

하지만 승민이의 시대에도 이 흐름이 계속된다고는 볼 수 없다.

저금리 시대인 데다가 물가가 상승하고, 아파트의 시세차익이 기대되지 않아서 전세 살고 싶어하는 수요가 많고, 세 끼고 사두어야만 전세 공급이 되는데, 실수요자 위주로 형성되는 시장이라서 전세가가 계속 상승하는 시대인 마당에, 이런 흐름이 언제까지 지속될지는 모르겠다.

아버지가 하고 있는 일 중에, 대형 상업용 빌딩을 건축하는 게 있다. **이 빌딩 중에서 1층만 분양하면, 투자한 땅값과 건축비가 거의 회수된다.**

이 한 줄의 말을 잘 음미하여 최종소비자가 되지 않기를 바란다.

한 블록 중에 최고의 위치만 가능하며, 최고는 리스크가 없고 수익률이 무한대이지만, 2등 위치부터는 큰 리스크가 있다. 이것에 대해 이야기하면 책 한 권이다. 그러니 한 줄의 의미만 생각해두어라.

이 부분에 대해서는 승민이가 이해할 수 있을 때 아버지가 직접 흐름의 맥을 잡아주겠다. 혹시 승민이가 아버지의 코치를 알아들을 수 있는 나이가 되기 전에 아버지가 갑자기 사라진다면 고모부, 승민이 과외 선생님, 아버지 회사 박 이사님, 김 소장님 이 네 분에게 여쭤보도록 해라. 아버지를 포함해서 다섯 사람이 모두 갑자기 사라질 일은 없을 것이다.

다만, 그대로 답습하지 말고 깊이 통찰하여 너의 것으로 소화해야 한다. 아버지가 쓴 책에 원리가 나와 있지만, 응용을 하고 시대에 맞게 포인트를 잡아야 한다.

원룸이 포화상태인 곳은 투룸으로 투자해야 하고, 둘 다 많은 곳은 근린생활시설로 승부를 봐야 한다. 한때는 실용음악 연습실을 만들어내면 큰 수익을 보기도 했다. 지금은 제주도 숙박시설이 매우 부족한 상태다. 대기업과 개인 사이에 틈새가 많은 경기도의 80년대와 같은 시장이다.

제주도 숙박사업은 아버지가 가장 시간을 많이 투자하는 사업 중 하나다.

아버지는 세상에 나와 있는 정보를 그대로 답습하지 않고 전문가가 아닌 일반인들과 스스로 공부하며 아버지의 것으로 소화하면서 이쪽의 진입장벽을 뚫고 있다.

아버지가 이렇게 직업이 다른 분이 이쪽을 학습하게 해서 우리만의 것으로 소화하여 함께 만들어내는 것을 좋아하는 이유가 있다. 만일 이것을 직업으로 하는 다른 곳에 맡겼다면 천문학적인 돈이 들 것이기 때문이다.

풀장을 한 채마다 넣는 결정도 5개월 스터디에 의해서 결정되었고 (제주도 모든 숙박시설을 연구했는데, 이 땅이 수익을 내는 데 풀장이 필요한지 고려해야 할 점들이 수백 가지였다), 풀장 원가를 5분의 1로 낮추는 큰 계기도 일반인의 생각에 의해 나왔고, 조감도 및 3D 설계도 일반인이 해냈고, 제주도의 땅을 찾는데 성산일출봉(200만), 중문(150만)의 두 키워드를 다 잡을 수 있는 곳을 찾아야 한다는 것도 일반인의 생각에 의해 나왔다.

맨 처음에는 제주 5성급 호텔 운영자를 초빙하려 했지만, 스터디에 의해 넘어서버렸다.

전문가보다는, 학습 능력과 조사 능력이 뛰어난 도덕성이 높은 사람이 더 필요하고, 세상에 나온 정보를 그대로 답습하는 것보다는 내가 스스로 뚫는 것이 더 큰 이득이 있다. 자본주의 사회체제를 극복하는 방편이기도 하다.

제주도는 현재 대기업과 일반인 사이의 틈새시장이 엄청난 규모로 펼쳐져 있다. 몇천 평의 땅은 대기업이 들어오기 애매하다. 또 일반인이 접근할 수 있는 작은 땅은 매우 비싸기도 하고, 시너지를 낼 수 없는 땅이다. 중국인 관광객 때문에 국내 관광객이 머물 숙소도 매우 부족하고, 대부분의 숙소가 노후화되어 있다.

근처에 이보다 못한 땅이 평당 100만원에 분양이 되었는데 아버지는 14만원에 샀다. 땅이 아무리 싸도 물과 전기가 들어오지 않으면 배보다 배꼽이 더 크다. 제주도에 행정력이 약해서 1급수가 흐르는지 보전임야가 있는지 등, 개발제한이 있는지 등은 현황측량 없이는 확신할 수 없다는 점도 일반인이 학습으로 극복했다. 텃세가 심해서 제주도의 인맥이 필요하다는 것도 알았고, 한 사람의 이득을 존중해줌으로써 너무 소중한 인맥을 얻게 되어서 엄청난 무기를 장착하게 되었다.

현재 경기도에서 엄청나게 많은 사람들이 부를 축적하고 있는 지역이 몇 군데가 있다. 저번 주에 아버지 지인들이 추첨에 당첨된 땅에 엄청난 프리미엄이 형성되었다. 당첨되자마자 잘 몰라서 작은 프리미엄에 나온 땅을 지인들이 모두 사기도 하였다. 시간을 2년 이상

기다리면 당장 수의계약으로도 큰 재테크가 되는 땅도 많다. 아버지가 벌여놓은 일들이 많아서, 다 할 수 없는 것이 한이다. 지방에는 더 많다.

백지 한 장 차이의 시각에 의해서 진입장벽은 허물어진다.

승민이 시대에 맞는 방식은 반드시 있을 것이다. 실체가 있다는 것을 알고 공부하기를 바란다. 오아시스가 근처에 있다고 알고 가는 사막의 길과, 있을지 모른다고 생각하고 가는 길과는 크게 차이가 있다.

굳게 믿어라. 어떤 분야가 될지 모르겠지만, 오아시스가 있다는 전제하에 공부해라.

자본주의 사회에서 지배받는 계층, 노예가 되지 않으려면 진입장벽이 높은 곳에서 실력을 가지고 있어야 한다.

그러면 지금부터 이 실력을 갖추려면 어떻게 해야 할지 구체적으로 설명해보겠다.

진짜 실력,
진짜 인맥 만들기

자본주의 사회에서 노예로 살지 않으려면 진입장벽이 높은 분야에서 실력을 갖추어야 한다. 이런 실력을 갖추기 위해 가장 중요한 것은 **생각과 사람**이다.

한마디로 이야기하면 '생각'이다. 영어에서 mind나 soul이나 '사람'이라는 뜻을 가지고 있다. 사람 역시 생각으로 만들어지니까.

생각이 훌륭하면 좋은 인맥이 생긴다.

좋은 인연을 만나면, 그 사람이 그동안 쌓아온 생각과 실력을 너의 것으로 가져올 수 있다.

반대로 생각이 편협되고 형편없는데 성공하거나 행복하기는 불가능하다. 좋은 인연을 형성하기가 매우 어렵고 오래가지 못한다.

이를 위해서 명심해라. **이기적으로 굴지 말고, 타인의 이기적 유전자를 인정하고, 사람은 욕망, 이득을 추구한다는 점도 인정하고 살아야 한다.**

이것에 인색하면 좋은 기회나 좋은 생각을 얻기 어렵다. 깊이 보기가 어렵다. 아무리 노력해도 인맥을 갖추기 어렵다.

나의 생각이나 실력이 좋아서, **타인의 이득을 위해 활용가치가 높은 사람이 되어라.** 그러면 인맥은 순식간에 감당할 수 없을 정도로 늘어난다. 그리고 그 한 사람의 인맥이 엄청난 시너지효과를 만들어주는 것을 아버지는 많이 경험했다.

하지만 자신은 득을 보고 싶으면서, 타인이 득 보는 것을 욕하는 사람들이 훨씬 더 많다.

아버지가 많은 노력으로 정보를 나누어줄 때, 책 팔아서 인세를 벌기 위한 것이라고 분노하는 사람들이 있었다.

어떤 사람들은 아버지의 모든 글을 보면서 개인 카페를 만든 것을 비난했다. 알고 보니 그들은 개인 카페까지 가입하고 자주 방문하는 사람들이었다. 자신은 이득을 추구하면서 타인의 이득은 용납을 못한다.

이때 아버지가 이러한 상황에서 느끼는 감정을 승민이가 감정이 입을 하여 정확하게 느낄 수 있어야 한다. 그래야만 타인의 이득을 머리만이 아니라 마음으로도 진심으로 소중히 여길 수 있다.

승민이 때문에 다른 사람이 그런 감정을 느낀다면 승민이는 좋은 기회나 좋은 생각이나 좋은 인맥을 가지는 것을 포기해라.

다시 말하지만, 실력을 갖추고 행복한 삶을 살려면 생각이 중요하고, 생각을 키워줄 사람이 중요하다.

이를 위해서는 타인의 이득을 존중하고 활용가치가 높은 사람이 되어라. 네가 그렇듯이 타인도 자신의 욕망, 이득을 쫓는다는 점을 인정해라.

그리고 윈윈하지 못하고 자신만 원하려는 사람이 많다는 사실에 슬퍼하지 마라. 그런 사람들을 자주 만날 것이다. 그때마다 용서해라. 그런 사람들이 없는 세상은 상상할 수 없다.

다행이다. 그렇기 때문에 세상은 공평한 것이다. 승민이가 세상에서 보석같이 빛나게 되는 것이 쉬워질 것이기 때문이다. **타인의 이득을 소중히 하는 사람이 되어라.** 그러면 승민이는 **꼭 필요한 사람**이 될 것이고, 좋은 생각과 좋은 생각을 가진 사람들과 함께하게 될 것이다.

잉여인간이 아니라 세상에서 꼭 필요한 존재는 타인의 이기적 유전자를 인정하는 데에서부터 시작된다.

실력을 갖추기 위해 가장 중요한 것은
생각과 사람이다.
생각이 훌륭하면 좋은 인맥이 생긴다.

'그냥 열심히' 말고, '사고의 열심히'가 중요해

깊이 들어가서 조금 더 생각해야 한다.

피곤하게 살라는 것이 아니다. 평소에 단순하게 살고 또 많이 놀고 즐기며 지내되, 어떤 관심사가 있을 때 어떠한 선입견과 편견도 가지지 말고 조금 더, 조금 더 보려고 노력하면 된다.

통찰력과 학습 능력에 포함되는 것 중에 하나가 '단정짓지 말기'다. 사고의 유연함도 여기서 나오고, 기회를 차단하지 않는 것도 여기서 나온다. 그리고 조금 더 깊이 보고, 사고가 어떤 것을 통찰할 때는 부지런하게 작동해야 한다. 무조건 좋게 보고 리스크를 간과하는 것도 깊이 보는 것이 아니다.

하지만 대부분의 사람들은 몸은 엄청나게 성실하지만 생각이 게

으르다. 단정짓기를 잘하기 때문에 스스로 기회를 차단한다.

인생은 곱하기라고 하지 않던가? 내가 0이면 아무리 좋은 것이 지나가도 항상 0일 뿐이다. 큰 산과 같은 장벽을 스스로 쌓아두기 때문에 항상 0일 수밖에 없다. 이런 사람은 멋진 인생은 힘들어도 망하지는 않는다. 그냥 플러스 마이너스 0일 뿐이다.

승민이에게 망하는 삶과 0인 삶 중에 선택하게 한다면 0인 삶을 추천하고 싶다. 하지만 이 두 가지에서만 선택해야 하는 것이 아니기 때문에 인생은 멋진 것이다.

유연한 사고로 더 깊이 보고 리스크까지 잘 분석한다면, 마이너스 인생도 0인 인생도 피할 수 있다.

사고의 유연함과 순수함을 유지하는 것도 실력이다. 단정짓기를 잘하여 기회를 스스로 차단하지 않고 더 깊이 보는 것이 학습 능력에서 가장 중요한 조건이다. 대부분 성공한 사람들은 사고의 유연함을 유지하고 있다. 순수한 사람들이 많다.

다만 냉철한 분석력과 통찰력을 갖추어서 성급해서 크게 실패하는 것을 방지해야 된다. 실패한 사람들 중에도 순수한 사람이 많기 때문이다.

쉽지 않은 문제다. 기회를 차단하지 말고, 성급함에서 오는 실수도 예방해야 한다. 아무도 의지하지 말고 스스로의 통찰력을 믿어야만 냉철한 판단력이 나오고, 아무것도 단정짓지 않아야만 인생에서 기회를 잡을 수 있다.

지금까지는 투자에 대해서 이야기했는데, 지금부터는 사업적인 측면도 섞어서 이야기하겠다.

예를 들어 방방이(트램펄린)에 대해서 아버지가 본 것에 대해 설명해주겠다. 다른 많은 것들이 있지만, 상징적인 의미로 기회를 차단하지 않고 스스로 더 깊게 보는 것이 얼마나 중요한지 느껴보기를 바란다. 절대 방방이를 하라는 이야기가 아니다. 방방이는 문제점이 많다.

작은 사업이 자본주의 사회의 축소판이고, 하찮은 것에서도 배울 수 있고, 항상 겸손하게 선입견 없이 단정짓지 말라는 의미에서 하는 이야기다.

대부분의 사람들에게 방방이는 그냥 애들 행복하게 해주는 놀이터이자 잠시 맡겨놓고 쉴 수 있는 달콤한 것일 뿐이다.

승민이가 어릴 때 아버지는 승민이를 방방이에 맡겨놓고 정말로 많은 것을 보았다.

아버지가 더 볼 수 있었던 이유는 타인의 존중, 타인의 이득을 소중히 해서라고 말할 수 있다. 불쌍한 사람들 중에 한 부류는 자신이 가장 똑똑하다고 생각하고, 자신보다 못한 사람이라고 생각하면 들으려조차 안 하고 단정짓기를 잘하고, 자신이 모르는 분야는 아예 관심조차 가지지 않는다. 아버지가 알고 있는 모든 것들은 처음에는 모두 모르는 분야였다.

방방이 할아버지가 아버지를 너무 좋아하고 행복해하셨다. "젊은 이가 이런 하찮아 보이는 것에 관심 가지니 너무 기특해서 내가 가르쳐주겠네. 이것 무시할 게 못 되네." 아버지는 그날 할아버지께 피자 한 판 사드리고 장부를 보게 되었다.

토요일 일요일 이틀 동안에 700명이 왔다. 한 명당 4,000원 정도를 쓰고 있었다. 한 번 연장해서 타고, 음료수 하나 먹고 뽑기도 하는 등. 280만원인데 4주, 즉 8일만 나와도 1,000만원이 넘었다. 시설을 만드는 데에는 1,400만원이 든다고 하셨다.

같은 할아버지인데, 누구는 폐휴지를 주워 돈을 모아 손주 방방이를 태워주러 오시고, 누구는 그 돈을 앉아서 모은다.

솔직히 직업에는 귀천이 없다. 세상의 모든 사람들이 다 방방이를 한다면, 세상은 살 수 없는 곳이 될 것이다. 한 역할을 담당하고 있는 세상 모든 사람들에게 감사하되, 승민이는 자본주의 사회에서 지배받는 사람이 되지 않기를 바랄 뿐이고, 그를 위해서는 기회를 차단하지 말고 유연하게 깊이 보는 사고의 부지런함이 필요하다는 것이다.

아버지가 이런 놀라운 경험을 친구들에게 말했을 때 대부분의 반응이 이런 식이었다. "그럼 다 방방이 하게? 정신차리고, 하는 일이

나 열심히 해."

하지만 아버지는 이후에 더 들어가 관찰하였다. 초등학교와 학원을 같이 끼고 있으면 더 좋은 수입이 있다는 것을 알게 되었다. 택지지구의 초등학교 앞의 땅을 샀는데, 이자를 감당하기 위해서 공인중개사 사무소를 다 돌았다. "제 땅 지번이 이건데, 월세를 내고 방방이 할 사람을 연결시켜주세요."

시간이 지나도 아무도 연락이 안 왔다. 다시 왜 연락이 안 오는지 공인중개사 사무소를 돌았더니, 대로변이 아니라서 그렇다고 한다. "그럼 누군가 접촉을 했다는 이야기인데, 전화번호 좀 주세요." "그것은 원칙상 불가능합니다." "제가 성사되면 한 달 월세 드릴 테니 전화번호 좀 주세요." 그리고 전화를 했다. 만나서 설득했다.

"대로변 땅은 월세가 비쌉니다. 그리고 들어오기까지 시간이 걸립니다. 처음에 자리만 잡으면 입소문으로 홍보되니, 제 땅에서 하시기를 바랍니다."

"그러면 두 달치 월세를 공짜로 해주세요."

"네, 그렇게 하시죠."

이 사람은 주말만 했고, 월 700만원씩 벌었다. 그리고 다음 사람에게 권리금 받고 팔았다. 그런데 그것을 산 사람이 한창 운영하고 있는 중에, 그분의 사위가 대기업 부장인데 직장을 그만두고 방방이를 하기로 했다는 소식을 들었다.

정말 놀랐다. 6개월의 시간이 지나, 유선방송에 사위가 나왔다고 채널을 말해줘서 보았다.

　지하 100평을 임대하여 방방이 시설을 차리고, 엄마들이 쉴 수 있는 공간에 커피와 빵을 팔고, 잡지책과 좋은 음악을 틀어주는 곳이었다. 그리고 아동들 사고를 대비해서 보험도 들었다. TV에서 방방이 프랜차이즈 광고를 하고 있었다. 방방이 수입으로 몇천만원을 버는 것과 동시에 프랜차이즈로 몇억원을 벌고 있었다.

　아버지는 방방이 시설을 공급하는 회사에 전화를 걸어 이사를 만나게 되었다. 아버지는 먼저 건물 임대사업에 대해서 설명을 해드려서 감동을 줬고, 그 이사님은 그 대가로 또 한 분을 만나게 해줬다.

　그 사람은 서울에 사는데, 가족들에게 "몇 달 있다 올게" 하고 지방으로 내려간다.

　공인중개사무소를 한 바퀴 돌면서 "이쪽 지역에 월세 얼마의 땅을 임대할 수 있는 것이 나오면 연락 주세요"라고 말하고, 낚시도 하고 여행을 다닌다. 그러다 나오면, 시설을 차린다. 그리고 '20분 방방이 무료 쿠폰'이라고 새겨져 있는 명함을 초등학교 정문 앞에서 나누어 준다.

　이곳은 엄마들의 아지트가 된다. 보름이 지나기 전에 수많은 엄마들이 물어본다. "아, 아저씨, 이거 어떻게 하는 거예요? 돈 많이 버시네요. 저 좀 차리게 가르쳐주세요."

　"장부 보여드릴 테니 세 달치 수입만 주시고 공짜로 시설 가져가세요."

시설 공짜로 줘도 몇천만원이 남는다고 한다. 그리고 다음 지역으로 Go! 서울 가까이 올라올 때쯤 큰돈을 번다고 한다.

승민아, 절대로 방방이는 다른 사람을 위해 남겨두기를 바란다. 방방이 하라고 이 이야기를 하는 것이 아니다.

하찮아 보이는 일에 자본주의 사회의 단면이 드러나기 때문에 하는 말이다. 이 작은 사업에도 정말 많은 직종이 있단다.

자리만 봐주는 컨설턴트도 있단다. 자리만 찍어두고 몇백을 받는 사람, 중고를 구입하여 중고를 공급하는 사람, 건물이 지어질 때 자리만 이동시켜주고 400만원을 받는 사람, 천막만 공급하는 사람, 뼈대만 공급하는 사람, 스프링만 공급하는 사람 등.

그냥 지나치면 아무것도 안 보이지만, 이 작은 사업 하나에 많은 것들이 숨어 있고, 아버지도 이 작은 사업을 끝까지 들여다보지는 못했다. 다른 좋은 것들이 많았기 때문이다.

그래서 자본주의 사회를 잘 들여다보고 더 깊이 관찰해야 한다는 것이다.

아버지는 임용고시를 치르고서 합격 발표가 나고 임용될 때까지 색다른 경험을 하였다. 바둑회사인데, 초등학교에 특기적성 교사를 공급하는 회사다.

아버지가 그 회사에 면접 보고 들어갔고, 아마 5단 정도 되는 일류대를 나온 사람들이 많이 있었다. 하루 두 시간만 근무하고, 최소

몇백만원을 보장해준다는 것이었고, 실제로 그때 물가에 비해 일반 회사보다 봉급이 많았다. 어머니 교사 월급이 2월 달에는 100만원이었던 것을 보면 큰돈이었다.

그냥 출근해서 일주일간은 이력서를 100장 작성한다. 그런 다음 100장의 사진을 붙이고 100장의 봉투에 넣는다. 100장에 학교의 주소를 오려서 붙인다. 100장 우표를 붙인다. 그리고 초등학교에서 연락이 올 때까지 바둑만 두며 논다. 특기적성이 일주일에 한 번이나 두 번이고 학생 한 명당 2만원 정도를 내니, 어떤 학교에서 버는 수입은 시간 대비 엄청나다. 그것을 일주일 스케줄을 짜주고, 책 한 권 던져주고, 회사와 특기적성 교사가 수익을 나누어 가지는 방식이었다.

아버지는 바로 박차고 나왔다. 주위 동료들에게 설득했다. "바둑책 서점에 많으니까 그거 사서 학생들 나누어주면 되고, 내가 그냥 내 연락처 써서 이력서 학교에 보내면 되지 왜 여기와 수익을 나누어 가지냐. 나가자."

하지만 한 명도 나가지 않았고, 그 회사에 근무하는 것을 소식을 통해 들었다.

잠깐 깊이 생각하니, 학습지 교사나 청소 용역 등 용역회사들이 이런 시스템으로 움직인다는 것을 깨닫게 되었다.

아버지 고향 친구에게 이 이야기를 해줬다. 회사에서 선배랑 같이 나왔다. 직원은 두 명이다. 큰 빌딩을 계속 찾아다니며 청소 담당해주겠다고 말하고 다니는 것이 하루의 주된 일과다.

그리고 벼룩시장이나 구인광고 회사에 광고를 낸다. 채용하면 청소 용역으로 투입한다. 회사와 계약서 쓰고 청소를 안전하게 담당해 준다. 회사 입장에서 채용에 풀어야 할 숙제들이 있으므로 회사측에서는 이런 방법을 쓰는 것을 좋아한다.

이것은 10년 전 이야기이니 답습하지 말고 시스템만 파악해라. 지금은 이런 방식이 너무 많을 것 같다.

지금 아버지가 운영하는 건설회사나 이 책을 출간한 출판사도 이와 같은 시스템으로 만들어진 것이며, 그 바탕에는 조금 더 깊이 보고 조금 더 깊이 생각하는 게 깔려 있다.

승민이는 그냥 열심히 말고 '사고의 열심히'를 가진 사람이 되기를 바란다.

•

사고의 유연함과 순수함을 유지하는 것도 실력이다.
단정짓기를 잘하여 기회를 스스로 차단하지 않고
더 깊이 보는 것이
학습 능력에서 가장 중요한 조건이다.
......

아무도 의지하지 말고
스스로의 통찰력을 믿어야만
냉철한 판단력이 나오고,
아무것도 단정짓지 않아야만
인생에서 기회를 잡을 수 있다.

•

직업은 귀천이 없지만
잘 선택해야 한다

방송에서 아프리카의 어떤 마을을 취재하였다.

고기를 잡는 것이 이 마을의 주된 직업이다. 하지만 고기를 잡으러 가는 과정에 많은 악어를 만난다.

마을의 많은 사람들이 악어에게 다리나 팔을 잃기도 하였고, 목숨도 잃었다.

그리고 한 마을 사람과 인터뷰하였다. "열심히 해서 정말 고기를 잘 잡는 사람이 되고 싶습니다. 가정을 일으키고 싶습니다."

그냥 열심히 말고, 조금 더 깊이 생각해서 팔이나 다리나 목숨을 건질 생각을 왜 안 하는 것일까?

같은 프로그램인데, 이번에는 유황 캐는 마을을 취재하였다.

최고로 장수하는 사람이 마흔이다. 폐질환이나 어깨의 종양 등으로 목숨을 일찍 잃기 때문에, 보통 열다섯 살 때 아버지의 뒤를 이어 유황을 캐러 나간다. 추락사하는 경우도 많다.

자신의 몸무게보다 더 무거운 유황을 짊어지고, 손수건 하나 물고 호흡곤란 속에서 나르는 열다섯 살 소년의 인터뷰도 같았다. "아버지의 가업을 이어 정말 유황을 잘 캐는 사람이 되고 싶습니다. 정말 열심히 하겠습니다."

아버지는 정말 눈물이 난다. 그 유황을 사들이는 회사의 오너는 이 사람들을 말려야 한다고 생각한다. 이것이 자본주의 사회의 현주소다.

악어 마을과 유황 마을을 우리 현실 속에서도 본다.

전단지 한 장 돌리는 데 정말 작은 돈을 받는다. 정말 열심히 돌린다. 가격을 올려주고 싶다.

차가 막히는 땡볕 도로에서 뻥튀기 1,000원에 판다. 정말 열심히 일하신다. 이분들이 꼭 성공했으면 좋겠다.

아버지가 사회초년생일 때, 동료들은 대부분 그냥 열심히 했다.

사회나 가정에서 그렇게만 배웠다.

또는 사회체제를 비판한다. 엄청나게 비판하지만, 그것을 극복할 수 있다는 생각은 안 한다.

아버지도 무일푼 초년생이었고, 극복할 수 있다는 생각을 했다. 오아시스가 있다고 생각했다.

머릿속에서 한 번이라도 일어난 일이어야 현실에서 일어날 가능성이 크다.

승민이는 자본주의 사회에서 노예 계층에서 탈피할 수 있다. 아버지 도움 없이 스스로 해야 더 가치 있고 재미있다.
이것을 악어 마을과 유황 캐는 마을의 비유와 접목시켜서 생각해 보았으면 좋겠다.
아버지는 기본적으로 사업을 할 때는 돈의 단위가 크고 진입장벽이 높은 곳을 유망하게 본다.

하지만 이런 식으로 세상의 모든 사람들은 자기 자리를 지키고 있다. 그래서 세상이 돌아가는 것이다. 직업에는 귀천이 없다. 있다면 정말 슬플 것이다. 아버지는 세상의 모든 사람들에게 감사한다. 그리고 이러한 사회체제하에서 아버지가 득을 보았기 때문에 평생 빚을 갚으며 살 생각이다.

다만, 아버지가 승민이와만 비밀로 생각해보고 싶다. 혹시 직업에는 귀천이 없다는 말은 지배자가 합리화하기에 너무나도 좋은 명언은 아닐까?

아니다. 직업에는 귀천이 없는 것으로 결론을 내리자.
귀천은 없지만, 선택권은 있다.
승민이의 선택은 그냥 열심히가 아니라 '사고의 열심히'에서 오는 선택이기를 간절히 바랄 뿐이다.

부자가
부의 시스템을 만드는 법

 자본주의 사회는 큰 단점을 가지고 있다. 그래서 많은 것이 수정되고 있다. 많은 사람들이 이러한 시스템에 대해서 큰 불만을 가지고 반(反)사회적 행동을 한다.
 아버지는 피할 수 없는, 아버지가 살고 있는 사회를 잘 관찰하고, 노예생활과 같은 쥐의 경주에서 탈피하기로 결정하였고, 그리고 관찰하였다.
 자본주의 사회에서 지배계층은 모두 자신만의 시스템을 가지고 있다. 이 시스템 속의 부품이 되거나 이 시스템을 지배하거나는 승민이의 선택이며 실력이다.
 이 시스템을 구성하는 결정적 요소는 세 가지다. 생각, 타인의 이득, 사람. 이 세 가지가 아버지에게 부를 창출해주었다.

다시 말해서 부를 창출하는 시스템을 구성하는 결정적 요소는 '생각'에서 시작되고, '타인의 이득'을 추구함으로써 얻게 되고, 함께하게 되는 '사람'에 달려 있다.

하루의 일상생활을 관찰해봐라. 혼자 할 수 있는 일은 아무것도 없다. 다른 사람의 도움을 받으면 된다.

생선을 먹기 위해 배를 직접 제조해서 고기를 잡으러 갈 수 없다. 마트에서 사면 된다. 손에 상처가 났다고 소독약을 만들 것인가? 약국 가거라. 아프면 의학을 연구하지 말고 병원 가거라.

아침에 눈을 뜨고 잠자리에 들어가기까지, 모든 사람들의 도움을 받고 살아간다. 승민이 또한 사회에서 부품으로 한 역할을 담당하고 살아가고, 다른 사람의 역할을 조합하여 도움을 받고 살아간다.

자본주의 사회에서 부를 창출하는 시스템은 이와 동일하다.

건설회사의 예를 들어주겠다.

철근 구하고 시공을 할 때, 땅을 파서 철을 채취해서 제조하고, 시공 방법을 공부해서 해야 한다고 생각하지는 않을 것이다. 아프면 전문가인 의사의 도움을 받듯이, 철근회사의 도움을 받으면 된다. 목수의 도움을 받으면 된다. 레미콘 회사의 도움을 받으면 된다.

이들의 단가를 흥정하고 조율하는 역할을 하는 사람이 소장이다.

소장은 한 건설회사에서 반장의 역할을 하고 소장에게 배우는 일을 반복해서 하다가 된 사람이다. 오랜 기간 일하면서 많은 역할을 하는 인맥도 쌓이고 원가도 파악하게 된다.

수십 가지 역할을 하는 사람을 조합하여 지휘하는 사람이 소장이다. 그리고 설계사가 있고, 이 모든 것을 조합하는 사람이 건설회사의 대표다.

건설회사 대표가 전기공사를 직접 할 수는 없다. 다만 전기공사를 하는 사람을 다른 역할을 하는 사람과 조합하여 진행할 수는 있다.

건설회사 대표에게 가장 먼저 필요한 것은 전화번호다. 대표는 오케스트라의 지휘자처럼, 단원들을 모으고 지위를 정해주는 역할을 해야 한다.

여기서 세 가지가 빠지면 곧 망할 회사가 될 것이다. 생각, 타인의 이득, 사람.

조합할 생각이 중요하고, 조합을 운영하는 마인드도 중요하다.

이러한 조합에 있어서 사람이 필요한데, 이러한 사람들이 구성되는 데에 중요한 요소는 이 사람들의 이득이다.

건축주가 이 건설회사의 건물을 통해서 효용성과 부를 축적할 수 있어야 한다. 이득이 중요하다. 그것이 없으면 건설회사는 존재하지 않는다. 현재 건설회사들이 부도나는 이유 중에 하나가 아파트 시세 차익으로부터 오는 이득이 없고 주거의 효용성만 있기 때문이다.

생각과 타인의 이득과 사람은 운영상에서도 중요하다. 아버지의 경우에는 회사의 이득을 혼자 취하지 않겠다고 선언하였다. 다만, 이사진이 정직할 경우에 한해서다. 정직하게 몇 년을 근무하면, 아버지의 실력으로 노후대비가 되는 건물을 장만해주겠다고 약속했다. 타인의 이득을 중시하는 이러한 선언이 회사에는 엄청나게 순기능으로 작용한다.

공사기간이 지켜질 경우에는 건물 한 채당 인센티브가 있다. 그래서 비가 와도 퇴근하지 않는다. 일요일도 출근 금지령을 내려도 출근한다. 인센티브를 주기 때문에 감소되는 기업이윤은 결과적으로 감소가 안 되는 결과를 낳았다.

하자가 없을 경우에 인센티브가 있다. 그래서 하자를 예방하기 위한 많은 것들을 도입하였다. 어차피 하자가 나면 큰 지출이 따른다. 이 경우에도 인센티브 때문에 감소되는 기업이윤이 없다. 결국 생각이 중요하고, 이 생각의 바탕에는 타인의 이득을 중시함이 깔려 있고, 이것이 필요한 사람을 곁에 오게 한다.

출판사도 마찬가지다. 책을 내가 쓰고, 내가 디자인하고, 내가 편집하고, 내가 인쇄하고, 내가 마케팅하고 하지 않는다. 다시 말하지만 아프면 병원 가서 의사 선생님께 진료비 내고 진찰받아라. 승민이는 병을 치료하면서 의사 선생님이 돈 빼앗았다고 욕하지 말고, 의사 선생님의 이득을 존중해드려라. 감사한 분이다.

생각, 타인의 이득, 사람, 세 가지를 유념하고 각자 역할을 맡고 있는 전문가들을 조합하는 것으로 회사가 세워지고 운영된다. 좋은 책은 광고료를 지불하지 않아도 방송사에서 이득이 있기 때문에 뉴스에 내보내고, 기자들도 이득이 있기 때문에 알아서 기사를 써준다.

투자에 대해서 잠시 이야기를 하면, 세대수 제한이 없는 땅은 클수록 싸다. 작은 땅은 손바뀜이 많고 수요층이 두터워서 비싸지만, 큰 땅은 수요층이 매우 얇기 때문에 매우 싸다.

승민이가 생각이 바르고 활용가치가 많은 사람이면, 많은 사람들이 승민이와 큰 땅을 같이 사서 잘라서 나누어 가지고 싶어할 것이다. 그럼 작은 땅을 아주 싸게 산 것과 같다.

하지만 승민이가 생각이 형편없고 원원하는 것을 인정하지 못하는 사람이면, 아무도 함께하지 않을 것이고, 그냥 저축해서 작은 눈덩이 가지고 작게 눈을 붙이면서 더디 발전해 나아가게 될 것이다.

눈덩이가 크면 눈이 붙는 속도가 크다. 자본주의 사회에서 1억원 가지고 1억원 벌기는 어려워도 10억원 가지고 10억원 벌기는 쉽다. 100억원 가지고 100억원 벌기는 더 쉽다.

"돈이 돈을 번다. 부자만 돈을 번다", "더러운 세상!"이라고 불평하기 이전에 내 생각과 통찰력이 깊은지, 타인의 이득을 중시하는지, 그래서 내 곁에 눈덩이를 크게 할 사람이 왜 없는지부터 반성해

자본주의 사회에서 지배계층은
모두 자신만의 시스템을 가지고 있다.
이 시스템을 구성하는 결정적 요소는 세 가지다.
생각, 타인의 이득, 사람.
부를 창출하는 시스템을 구성하는 결정적 요소는
'생각'에서 시작되고
'타인의 이득'을 추구함으로써 얻게 되고
함께하게 되는 '사람'에 달려 있다.

야 한다.

아버지는 대기업 사장님들과 같이 공동투자하고 있다. 불평하기 전에 아버지의 어떤 요소 때문에 눈덩이를 크게 만들었는지 꼭 생각해보아라. 아버지의 처음 자본은 매우 적었다.

투자든 사업이든 자본주의 사회에서 가장 중요한 것은 '생각'이다. 이것이 실력이기도 하다.

그냥 열심히 말고, 사고의 열심히가 중요하다. 타인이 행복하기를 바라는 마음이 뼛속까지 있었으면 좋겠다. 그래서 인생을 풍요롭게 할 좋은 사람을 많이 만났으면 좋겠다. 혼자 할 수 있는 것은 유황 캐기나 악어가 득실거리는 곳에서 고기 잡는 일뿐이다. 그냥 열심히 사는 일뿐이다. 혼자가 되지 않으려면, 만나고 싶은 사람이 되어라.

아버지는 은행 지점장님들과 친해지려 술을 사도 인맥이 안 되었었다. 생각과 실력이 쌓인 이후에, 아버지가 활용가치가 많은 사람이 된 이후에는 명절 때 은행 지점장님들 선물만으로 거실이 꽉 찬다. 인맥은 그냥 노력한다고 형성되지 않더라. 타인의 행복을 중시해라.

사업, 푼돈 벌다 목돈 날리지 않으려면?

세상의 많은 사람들이 직장을 나와서 자영업 등 사업을 시작한다. 그리고 평생 번 돈을 날리고 힘들어한다.

승민이가 어떤 직업을 가지고 어떤 일을 하면서 살지 모르지만, 흔히 일어나는 실패를 예방하기 위해서 한 가지 충고하겠다.

사람들은 직장생활을 하면서, 그리고 자의든 타의든 직장에서 나올 때 자기 사업에 대한 로망을 가지고 있다.

그리고 선택을 할 때 직장생활에 대한 보상 차원에서 난이도가 낮고, 여가를 보낼 수 있는 일을 꿈꾸고, 로망과 겹치는 것을 택한다.

하지만 많은 사람들이 원하는 일은 진입장벽이 낮기 때문에 잘된다고 소문이 나면 바로 옆 또는 근처에 우후죽순 생기고, 같이 망하게 된다. 아주 흔한 일이다.

깊이 보지 않고 덤비는 것은 미친 짓이다. 인생에서 리스크를 최소화해야 하는 것은 과감히 도전하는 것보다 더 중요하다.

그렇기 때문에, 많은 사람들이 쉽게 진입할 수 있는 길은 가지 않았으면 좋겠다.
그리고 고정지출이 많거나 감가상각˙이 많은 종류는 피했으면 좋겠다.

사람들은 사업 타당성을 검토할 때 큰 착각을 한다.

가장 쉽게 도전하고 가장 착각을 많이 하는 경우가 피시방이다.
다들 바쁘게 출근하는 시간에 여유롭게 커피를 마시며 인터넷 뉴스를 보는 상상을 안고 벅찬 설렘으로 사업을 시작한다. (하지만 현실은 야간관리 때문에 자다가 벌떡 일어나야 하고, 손이 많이 가는 사업이다)

● 　사업을 할 때 투입된 고정자산(유형 고정자산, 무형 고정자산, 투자와 기타자산)의 가치가 감소할 경우 그 액수를 산정하고 공제함과 동시에 비용으로 처리하는 절차.

피시방을 차림에 있어서 감가상각을 계산하지 않는 사람들이 너무 많다.

모든 사업은 반드시 망했을 때도 계산해봐야 한다. 살 때 팔 것을 검토해야 한다. 최악의 리스크를 반드시 검토해야 한다. 항상 잘될 것을 전제로 계산하기 때문에 대부분 실패한다.

예를 들어 PC 50대 피시방을 1억 3,000만원의 자본으로 만들었다고 가정하자. 여기서 3,000만원은 보증금이다. 3년 계약을 하였다.

오픈하기 전에 월 순수입을 1,000만원으로 예상하였고, 오픈 후에 실제로 예상이 맞았다.

그리고 1년도 안 되어서 원금이 회수될 것에 너무 기뻐하면서 직장생활보다 큰 수입에 씀씀이도 커진다. 일단 좋은 차를 구입한다. 흔한 레퍼토리다.

1년이 지나는 시점에, 50대의 피시방을 만만하게 보고 옆에서 치고 들어온다. 잘되면 망하게 할 목적으로 바로 옆에다 차리는 것이 자본주의 사회다.

하나가 늘면 반토막이 나야 하고, 네 개가 되면 4분의 1이 되어야 하지만, 실제로는 수입이 초토화된다.

컴퓨터나 스마트폰 등 가전제품은 빠르게 사양이 업그레이드된다. 1년이 지나면, 모든 것을 새로 장착한 피시방의 경쟁상대가 되지 못한다.

1년이 지나면 원금을 회수할 것이라는 생각도 잘못되었다. 이 일을 하지 않았을 때 버는 돈은 기회비용●으로 제외해야 맞는 계산법이다.

1억원이 벌어준 것인데 내가 노동해서 번 것으로 착각하는 사람이 많다. 월급생활에 1억원이라는 투자금이 들어가던가?

그리고 1억원이라는 투자금이 있기 때문에 다른 곳에 투자했을 때, 아니면 최소 적금에 가입했을 때 나왔을 기회비용도 제외해야 맞는 계산법이다.

그리고 생활비도 포함해 넣어야 한다.

이런 것 저런 것 따져서 5,000만원의 이득이 있다고 치자.

그러면 5,000만원과 보증금 3,000만원을 회수하지 못하였다.

● 돈을 벌 수 있는 여러 가능성 중 하나를 선택했을 경우 그 선택으로 인해 포기하게 되는 가치를 비용으로 표시한 것.

1,000만원의 순수입이 있으려면 2,000만원의 매출이 있어야 비싼 임대료 및 게임회사에 지출하는 돈, 새로 나온 게임에 투자하는 돈, 아르바이트생 월급, 먹을거리 구입비용 등을 제하고 남는 것이다.

새로 생긴 피시방들 때문에 수입은 없고 지출은 있고, 남은 계약 기간 동안 월세를 지출해야 한다.

8,000만원을 다 날릴 수도 있다. 빨리 정리하면 보증금과 중고 가격 아주 조금은 건질 수 있다.

목돈 투자하여 푼돈 벌다가 목돈 날리는 격이다.

감가상각이 많은 사업은, 한 7개월쯤 되었을 때 제값 받고 파는 것이 가장 현명한 선택일 것이다.

안타깝게도, 7개월쯤 되어 가장 매출이 많을 때 이런 피시방을 구입하는 분들이 많다. 쉽기 때문이다. 사람들은 진입장벽이 낮은 쉬운 길을 택하는 성향이 있다.

만일 팔지 않고 유지하려면 계산법이 정확해야 한다.

1년 정도 되었을 때, 새로 생긴 피시방에 전혀 뒤지지 않게 만들어야 한다. 약품을 써서 확실한 청소를 하든, 컴퓨터 케이스를 바꾸든, 모니터와 하드나 램을 바꾸든, 모든 것을 바꿔줘야 한다.

예를 들어 3,000만원의 비용이 투입되었다면, 그리고 매년 이 비용을 들일 것이라면(2년마다 들일 수도 있고 1년 반마다 들일 수도 있고, 독점이라면 안 들일 수도 있다), 수입 측정을 다시 해야 한다.

1년 순수입에서 3,000을 제하고, 내 인건비를 제한다.(반드시 제해야 한다. 투자금 1억 3,000만원 때문에 버는 돈이지 내가 버는 돈은 아니다. 투자금을 다른 곳에 투자했을 때 나올 비용도 제해야 한다)

그리고 무엇보다도, 다른 피시방이 몇 개 생긴다는 가정하에 지출이 감소하는 것도 계산에 넣어야 한다. 내 것을 새 것으로 유지한다 해도 똑같은 새 것으로 운영되는 피시방이 생길 것이기 때문이다.

이런 계산이라면, 리스크에 비해서 버는 돈은 너무 적다. 현상유지에 불과할 뿐이다.

이렇게 우리나라에 망하거나 현상유지만 하는 피시방의 비율이 매우 높다.

이런 이유 중에 하나는 돈의 단위가 작은 사업이기 때문이기도 하다. 한 시간에 1,000원을 받는다면, 한 시간당 컴퓨터 한 대가 벌어주는 돈은 정말 100원 단위다.

아버지가 이런 이야기를 하는 이유는, 무엇인가 뛰어들 때 꼭 깊이 보기를 바라기 때문이다.

진입장벽이 낮은 분야에서도 고수는 있다.

대형으로 한다든지, 커피 등 먹을거리 쪽에 차별화를 둔다든지, 컴퓨터 업그레이드에 비책이 있다든지, 야간 아르바이트생을 다루는 비책이 있다든지 해서 반드시 성공할 수 있는 반열에 오른 사람들도 있다.

그러나 진입장벽이 낮은 분야에서 고수는 많이 피곤하다.

비슷한 분야로 찜질방이 있다. 이것도 적자인 곳이 너무 많다.

투자나 사업에 대해서는 하고 싶은 말이 너무 많지만, 나중에 더 자세히 이야기해주도록 하겠다. 다만 이것만은 기억해라. 보이는 것이 다가 아니다. 더 깊게 보아라.

또 반대로, 무조건 안 된다고 생각하지 마라. 좋은 분야가 많지만, 승민이의 시대에 적용될 것이 아니기에 생략하겠다.

일곱 번째 편지

너의 불행을 보여줘,
그래야 힐링이 되지
—
정체성에 관하여 — 독수리와 병아리 이야기
—
만족지연능력에 관하여 — 3분 물구나무서기
—

너도
마흔살이 되면
아들에게
편지를 써보렴

너의 불행을 보여줘,
그래야 힐링이 되지

사람은 자신보다 못한 처지의 사람을 바라봄으로써 행복을 느낀다. 어쩌면 봉사나 기부에서 얻는 기쁨 중에 하나도 이것과 연관이 조금은 되어 있다고 본다.

그렇다면 불행은 이 반대에서 크게 느낀다. 열등감을 느끼면 무척 괴롭고 때로는 공격적인 성향을 불러일으킨다. 사람의 가장 큰 본성 중에 하나가 시기심이다. 이것에 의해 안 좋은 일이 일어난 것들이 개인사나 국가 역사에 무척 많다.

언제 사람이 행복하고 언제 사람이 힘든지를 잘 파악해둘 필요가 있다.

그리고 승민이는 본의 아니게 다른 사람을 힘들게 하는 사람이 되지 말고, 힐링을 주는 사람이 되어라.

직장에서 상사보다 좋은 차를 타고 다니는 경우, 어떤 상사는 매우 공격적이 되기도 한다. 참 유치하지만, 그것이 인간 본성인 것을 어쩌겠냐.

아버지는 군대에서 바둑을 잘 둬서 중대장님으로부터 사랑을 받고, 영어를 잘하고 탁구 중대 대표를 하는 것들로 인해 선임병들에게 많은 공격을 당했다.

군대라는 집단은 사람의 본성을 적나라하게 원시적으로 드러내고 사는 집단이기 때문에, 이런 현상이 다른 집단에도 내재되어 있는 것이 분명하다.

예쁘다는 이유로 많은 여직원들이 싫어하는 경우도 있다. 못 믿겠지만 진짜다.

"사촌이 땅을 사면 배가 아프다"는 속담은 진담이기에, 정말로 오랜 세월 정말로 많은 사람에 의해 구전된 것이다.

승민이가 반장이 되고, 시험에서 100점 맞고, 좋은 대학을 가고, 크게 성공하는 등의 일들은 친척들이나 친구들에게 고통이 되기도 할 것이다. 그들이 못돼서가 아니다. 스스로 '나는 뭐 했는가'라는 질책이나 반성을 하게 되어서 그렇다.

물론 더 훌륭한 인격을 가진 사람이라면 그것을 축하해주고 자신도 분발하려고 할 것이다. 하지만 평생 살아가면서 훌륭한 인격을 가진 사람을 만나는 경우보다 평범한 사람을 대할 일이 훨씬 많다.

승민이와 승민이 친구가 대화를 한다고 가정하자.
괄호 속에 있는 것은 속마음이다.

"시험 잘 봤어?"
"아니, 망쳤어. 많이 틀린 것 같아."
(잘 봤는데, 이번에도 1등 하겠는데)
"아이고, 어쩌나. 넌 원래 실력이 좋으니 다음엔 잘 볼 거야."
(아싸, 이번엔 내가 1등이다)

《성경》에 성공한 사람이 고향 사람들에게 환영받지 못하는 것에 대한 언급이 있다.

아버지도 아주 어릴 때 친구들을 만나면 상당히 조심한다. 대답할 수 있는 것들을 많이 축소하는 편이다. 이것이 배려다. 휴가를 어디 다녀왔냐는 말에 사실대로 이야기하지 못한다. 마음이 아플 수도 있고, 가정에 돌아가서 부부싸움이 일어날지도 모른다.

잘난 척만 하지 말고 부족한 모습도 보여라. 때로는 드러내지 말아야 할 때가 있을 것이다. 대수롭지 않은 나의 자랑의 기쁨이 상대에게는 큰 고통이 될 때도 있단다.

하지만 아버지에게는 마음껏 드러내놓고 지내도 되는 측근들이 꽤 많다.

이렇게 예외적인 경우는 원래 아버지와 비슷한 처지인 상태에서 만났거나, 아버지가 큰 도움을 주었고 또 도움을 계속 줄 것인 경우이고, 그래서 아버지가 잘되는 것을 기뻐해준다.

예외적인 경우를 제외하고는 상대의 입장에서 감정을 느껴볼 필요가 있다.

지금 한 이야기는 의지를 가지고 꼭 지키려 한다면 스트레스를 받을 것이니 그럴 필요는 없다. 다만, 잘 파악한 상태에서 시간이 흐르면 승민이의 인생을 평화롭게 할 수 있는 지혜가 본능적으로 차곡차곡 쌓이게 될 것이므로 마음속에 잘 담아두어라.

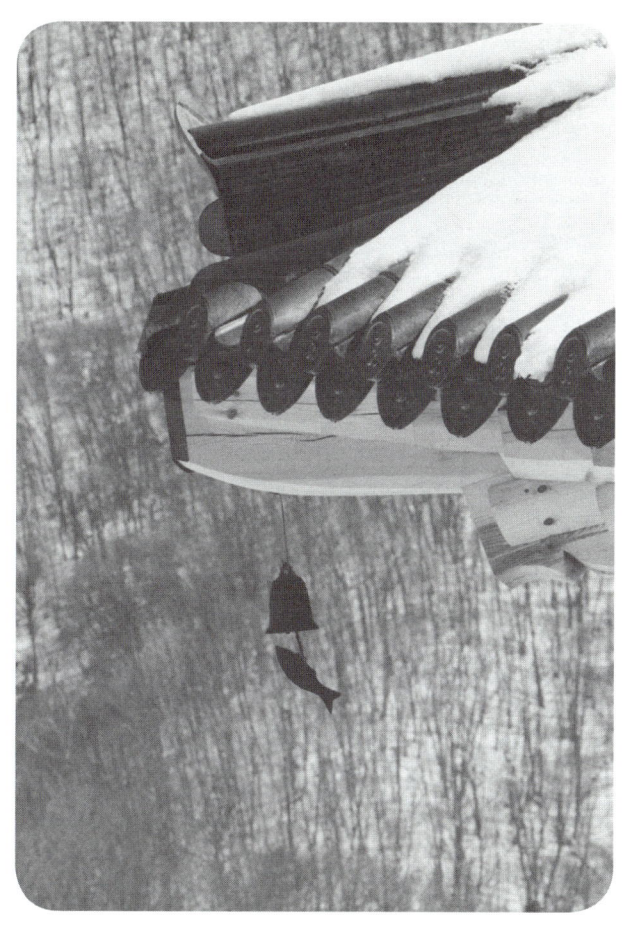

잘난 척만 하지 말고 부족한 모습도 보여라.
때로는 드러내지 말아야 할 때가 있을 것이다.
대수롭지 않은 나의 자랑의 기쁨이
상대에게는 큰 고통이 될 때도 있다.

정체성에 관하여
- 독수리와 병아리 이야기

이번에 할 얘기는 승민이의 정체성에 관한 이야기야.

병아리들이 있었어. 엄마 닭이 병아리들을 가르치다 보니 모두들 비슷하게 잘하는데, 항상 한 병아리는 너무 달라 힘들어했어.

엄마가 "따라해봐, 삐약삐약!"

첫째 병아리는 "삐약삐약!"
둘째 병아리는 "삐역삐역!"
셋째 병아리는 "삐익삐익!"

넷째 병아리도 "삐약삐약!"
그런데 막내는 "꿔~~~~~엉!"

"자, 오늘은 30분을 줄 테니, 털을 예쁘게 다듬고 나오세요."

첫째 병아리는 밝은 노랑에 부드러운 털로 날개를 들어 "하이!"
둘째 병아리는 황금색 털이 뽀송뽀송 날개를 들어 "헬로!"
셋째 병아리는 잘 정리된 아름다운 깃털로 "알라뷰!"
넷째 병아리도 밝은 미소로 날개를 활짝 펴 "만세!"

그런데 막내는 시커먼 털에 거칠고 큰 날개를 들다가 얼굴을 찔러 "아구구, 쫵!"

"자, 오늘은 부리를 예쁘게 잘 다듬어오세요."

첫째 병아리도, 둘째도, 셋째도, 넷째도, 너무나도 귀여운 부리를 자랑했어.
그런데 막내는 너무나 흉측하고 딱딱하고 날카로워서 다들 깜짝 놀랐어.

막내는 너무 슬퍼서 '나는 왜 이 모양일까' 하고 자주 울었어.

형들이 놀리면 놀리는 만큼 그대로 슬퍼했어. 자기 스스로라도 다독여주면 좋으련만…….

어차피 내 눈과 내 귀와 내 마음으로 살아가야 하는 한평생인데, 누가 뭐라 해도 말이야…….

하루는 매나 독수리가 나타났을 때 대피하는 훈련을 했어.

첫째 병아리는, 전력질주를 하다가 끝은 슬라이딩을 해서 집으로 안착.
둘째 병아리는, 정말 빠른 속도로 텀블링하며 안착.
셋째 병아리는, 날개를 활용해 지면의 마찰을 줄여서 들어왔어.
넷째 병아리도, 창의성을 발휘하여 뛰다가 몸을 둥글게 만들어 굴러들어왔고.

그런데 막내는 뛰다가 자기 발을 밟아 자빠지면서 땅에 뽀뽀를 하고 말았어.

막내는 너무 속상했고, 우울했어.

마침 독수리가 떴는데, 다들 잘 도망갔지만 막내는 역시나 넘어져서 하늘을 보게 되었어.

독수리가 무서운 눈과 부리로 노려보면서, 하늘에서 수직으로 번개 같은 속도로 막내의 배를 향해 돌진해왔어.

"아, 죽었구나."

독수리가 막내 근처로 내려오는 순간, 갑자기 깜짝 놀라면서 하늘로 방향을 틀었어.

그리고 이야기했어.

"으악! 큰일날 뻔했네. 독수리가 독수리를 잡아먹을 뻔했네. 야, 너 거기서 뭐 해? 아 참, 별일이야."

"뭐? 내가 독수리라고?"

날개를 폈더니, 무지무지하게 튼튼하고 멋지고 큰 날개가 쫘악!

날개를 펴면서 생기는 바람에, 지켜보던 병아리들이 다 뒤로 넘어졌어.
"와! 내가?" 하고 소리를 지르니, 우렁찬 소리가 하늘을 찔렀고, 옆에 지켜보던 병아리들이 벌벌 떨고 있었어.

병아리는 오줌이 찔끔, 넷째 병아리는 무서운 부리를 보며 똥이 찔끔 나왔어.

막내는 하늘을 향해 솟구쳐 올랐는데, 높이높이 올라갔는데도 병아리 팬티에 묻은 게 다 보이지 뭐야. 엄청나게 소중한 눈을 가졌다는 것에 놀랐어.

하늘의 공기는 너무 시원하고 맑았어.
어느새 바다가 나왔어.

승민아, 여기서 아버지가 네 가지만 질문할게.

1. 만일 막내가 자신이 독수리인지 끝까지 몰랐다면, 남은 인생이 어떻게 되었을까?

2. 독수리인지 스스로 알게 된 후 남은 인생은 이전과 어떤 차이가 있을까?

3. 승민이는 독수리일까, 병아리일까?

4. 나를 존중하는 방법은 어떤 것들이 있을까?

일기장에 되도록 길게 답해서 아버지에게 보여줘.

5년 연속 반에서 계주 대표이고, 반장이고, 생각도 깊고, 팔씨름도 제일 잘하고…….

아버지가 생각하기에 승민이는 독수리야. 우주에서 주인공이지.
주인공은 남이 안 볼 때에도 주인공답게 해야 한다고 생각해.
청소도 그렇고, 공부도, 놀이도…….

독수리가 게임에 중독되면 안 되겠지?

친구가 잘해서 나도 잘하고, 친구가 못해서 나도 못하고 하는 것은 주인공이 아닌 사람도 할 수 있는 쉬운 일이야.
승민이는 친구가 잘못할 때에도 용서하고 유머로 넘길 수 있는 주인공 맞지?

주인공도 단점이 있을 수 있어. 모든 사람이 그렇듯이.
주인공이니까 단점이 있어도 자랑스럽지? 괜찮아. 고치지 못하더라도 고치려고 노력하면서 살면 되니까.

완벽하면 어린이가 아니니까.

사람들은 승민이가 승민이를 존중해주는 것만큼 존중해주게 되어 있어. 스스로 존중해줘라.

주인공으로서 혼자에 당당해라. 늘 자신감을 가지고, 남에게 비춰지는 모습에 연연해하지 마라. 그룹문화에서 항상 어떤 소속을 빌려 자신의 정체성을 나타내려는 불편함은 집어치워라.

혼자 밥 먹거나, 혼자 캠퍼스를 활보하거나, 모든 면에서 스스로 빛이 나는 주인공이라는 점에 당당해라.

앞으로 더욱더 주인공답게, 사람들에게 겸손하고 너그럽고, 항상 모든 면에서 노력했으면 좋겠어.

주인공도 단점이 있을 수 있어.
모든 사람이 그렇듯이.
주인공이니까 단점이 있어도 자랑스럽지?
괜찮아.
고치지 못하더라도
고치려고 노력하면서 살면 되니까.

만족지연능력에 관하여
- 3분 물구나무서기

오늘은 '만족지연능력'에 관한 이야기를 해주고 싶다.

다음 두 가지 중에 선택해봐.

1. 지금부터 3분간 물구나무서기를 하고, 나머지 세 시간 동안 하고 싶은 일 할래?

아니면,

2. 지금부터 3분간 하고 싶은 일을 하고, 나머지 세 시간 동안 물

구나무서기를 할래?

만족지연능력이란 것은 미래에 찾아올 만족을 위해 현재의 만족을 다음으로 미루는 능력을 말한단다. 이것은 감정조절 능력과 함께 EQ적 측면에서 봤을 때 중심이 되는 능력 중 하나야.

미국에서 실험한 건데, 유치원 아이들에게 맛있는 것을 하나씩 주고, 오후까지 안 먹는 아이들에게 상으로 더 많이 줄 것이라고 했어. 만약에 먹으면 더 안 줄 것이라고 하고서 지켜봤지. 먹을 것을 참은 아동과 참지 못한 아동을 20년간 추적조사하였더니, 참은 아동이 더 성공적인 삶을 살았다는 결과가 있어.

아버지의 질문에 넌 어떤 것을 선택할 거니? 네 또래들은 누구나 쉽게 먼저 3분간 물구나무서기를 하는 것을 선택할 거야. 하지만 현실에서 네 또래들 대부분이 이러한 선택을 하지 못하고 있어.

평균수명이 늘어서 승민이의 인생을 100년 정도 보았을 때, 지금부터 성인이 될 때까지 8년은 전체 인생에서 양적으로는 매우 적은 부분에 속하지만, 그 영향력은 남은 긴 세월에 막대한 작용을 하게 돼.

하고 싶은 일을 하면서 사는 인생은 참 매력적이야.

하지만 신기하게도, 하고 싶은 일을 하면서 살기 위해서 지금부터 8년간은 하기 싫은 것도 참고 현재의 만족을 뒤로 미루는 연습을 해야 할 거야. 그래야 남은 평생 하고 싶은 일을 하면서 살 수 있게 될 확률이 커지지.

세 시간의 행복을 위해 3분 물구나무서기를 선택했듯이.

승민이는 숙제하기 싫은 것도 참고 해보고, 게임하고 싶을 때도 더 참아보고, 하기 싫은 일을 참아보는 노력이 필요할 거야.

이것은 아주 소중한 것이야.

이것은 승민이가 평생 살아갈 능력치를 끌어올려주는 역할도 하지만, 미래에 행복지수를 높여주는 역할을 하기도 해.

지금 승민이네 반에서 수업시간에 똑같은 수학 익힘책을 풀 때, 말하기 듣기 책의 문제의 답을 쓸 때, 어떤 친구는 너무 하기 싫어서 안 하기도 하고, 대충 하기도 하고, 짧게 쓰기도 하지만, 어떤 친구는 만화영화를 보듯이 편하게 재미있게 해내기도 하지.

하기 싫은 것을 참아보는 연습은 지난 초등학교 5년간 계속 진행

되었어. 이미 반 친구들끼리도 편차가 몇 년씩 나기도 해.
 이렇게 앞으로 8년 동안 이런 경험을 추가로 쌓다 보면, 나중에는 더욱 극명하게 갈리겠지.

 꼭 공부로 성공하기 위해서만이 아니라, 앞으로의 행복과 능력을 끌어올리기 위해서, 하기 싫은 것을 참고 만족의 시기를 조절할 줄 아는 능력이 필요해.

 나중에 어떤 집단에 승민이가 속할지 모르겠지만, 같은 업무를 놓고 즐겁게 하고서 다른 사람까지 돕는 모습의 승민이가 될지, 자신의 일조차 하기 힘들어서 간신히 버티는 사람이 될지 궁금하다.

 많은 현인들이 말씀하시는 것들…….

 교회에서 나를 버리고 예수님을 따르는 것,
 불교에서 욕심을 버리는 것,
 유교에서 삼가는 태도나 극기, 경 등에서 나타나듯이,

 공통적으로 '하기 싫은 일을 참고 하고, 만족을 뒤로 미루는 연습'은 행복과 성공적인 삶과 긴밀하게 연결되어 있어.

왜 자꾸 어머니와 아버지가 승민이에게 잔소리를 하는지, 그것이 왜 승민이를 위하는 것인지 마음으로도 이해되지?

평생 하고 싶은 일을 하고 살고 싶다면, 지금처럼 매일 3분 먼저 물구나무서기를 선택할 수 있기를 바란다.

이 편지가
너에게 최고의 선물이
되길 바라며.

아버지는 아직 젊지만 죽기 전에 너에게 이렇게 편지를 써두고 싶었다. 더 깨달은 후에 더 잘 쓰고 싶었지만, 나에게 주어진 시간이 얼마나 남았는지 모르기에 지금 쓸 수밖에 없다.

나는 스님도 아니고, 목사님도 아니다. 그냥 평범한 사람이지만, 아버지라는 점은 내가 이 편지를 써야 할 당위성을 부여해주었다.
이 땅의 모든 아버지들이 나로 인해 동기부여를 받아 아들에게 쓰는 편지에 도전하면 좋겠다.
아버지이기 때문에 가장 소중한 것을 주려고 할 수밖에 없다.

비록 부족해도, 어떤 위인이 뭐라고 말해도, 내가 '내 아들에게만은 이렇게 이야기해주고 싶다'는 아버지의 마음은 더 솔직해질 수밖에 없다.

아무리 평범한 사람이라도, 아버지가 아들에게 하는 이야기는 평범하기만 할 수는 없을 것이다.

이런 의미에서 아들에게 쓰는 아버지의 편지는 세상에 던져져서 외롭게 살아가야 하는 인생이라는 망망대해에서 정말 따뜻함을 느끼고 용기를 얻는 최고의 선물이 될 것이다.

또한 아버지에게도 인생에서 가장 값지고 의미 있는 일로 남을 것이다.

아들에게 쓰는 아버지의 편지는
세상에 던져져서 외롭게 살아가야 하는
인생이라는 망망대해에서
정말 따뜻함을 느끼고 용기를 얻는
최고의 선물이 될 것이라 믿는다.

맘마미아 **월급재테크** 실천법

네이버 No.1 월급재테크 카페 검증!

▶ 이 책대로 실천하면
  당신도 월급쟁이 부자가 된다!

▶ 통장관리, 가계부작성, 예적금, 청약, 펀드, 주식, 경매, 보험 등
  왕초보를 위한 재테크 해법서!

▶ 〈부록〉
  1. 재테크 알짜 금융상품 Top3 │ 2. 돈 되는 연말정산

맘마미아('월재연' 카페 주인장) 지음 │ 556쪽 │ 18,000원

이 책 의 3 가 지 효 과

1. 지속가능 효과
재테크도 게임처럼 재미있게!

- 푼돈목돈 실천 게시판 – 출석체크 365일 가동!
- 재테크도 함께 재미를 붙여야 오래 간다!
- '500원을 목돈으로 바꾸는 비밀달력', '12개 통장 풍차돌리기'
- '매주 1,000원 52주 적금완성' 게시판 연계 유쾌상쾌 실천법!

2. 똑똑한 소비자가 되는 효과
금융상품 호구방지 가이드!

- 절대 손해는 없다! 카페 엄선 금융상품 Top3!
- 설문+스터디로 선정한 금융상품!
- 월급통장, 체크카드, 예적금, 펀드, 보험 등
- 왕초보도 걱정 No! 세심 가이드 제공!

3. 시간절약 효과
10만 열광 '족집게 재테크 공부법'

- 주식, 펀드, 경매, 보험, 연말정산 등 1권으로 끝!
- 월급쟁이용 재테크 공부법은 따로 있다!
- 현역 월급쟁이 주인장의 20년 재테크 총정리!
- 수능 족집게 강의를 듣는 듯한 쾌감, 왕초보도 쉽게 정복!